新技术、图书馆空间与服务

张春红 主编

海洋出版社

2014年·北京

图书在版编目（CIP）数据

新技术、图书馆空间与服务/张春红主编. —北京：海洋出版社，2014.6
（新型图书情报人员能力培训丛书/初景利主编）
ISBN 978-7-5027-8827-8

Ⅰ.①新… Ⅱ.①张… Ⅲ.①图书馆事业史-研究-中国-1917~1927 Ⅳ.①G259.296

中国版本图书馆CIP数据核字（2014）第043370号

责任编辑：杨海萍
责任印制：赵麟苏

海洋出版社 出版发行

http：//www.oceanpress.com.cn
北京市海淀区大慧寺路8号 邮编：100081
北京旺都印务有限公司印刷 新华书店发行所经销
2014年6月第1版 2014年6月北京第1次印刷
开本：787mm×1092mm 1/16 印张：10.25
字数：175千字 定价：42.00元
发行部：62132549 邮购部：68038093 总编室：62114335
海洋版图书印、装错误可随时退换

《新技术、图书馆空间与服务》编委会

主　编　张春红
副主编　李　伶　唐　勇　王　媛
编　著　齐慧彬　张　璇　王　玮

主编弁言

由海洋出版社出版的《新型图书情报人员能力培训丛书》历时一年多的策划、组织、撰写，终于与广大读者见面了！

近些年来，由于信息技术和信息环境的飞速变化，图书情报工作也面临着许多的困难、压力和挑战。读者到馆的人数在下降，图书外借和参考咨询量也在下降，图书情报人员的职业形象受到严重影响。图书情报机构似乎从未遭遇如此的寒冷期，似乎越来越被边缘化，甚至到了生存危机的程度。

同时，我们也应该看到，信息技术和信息环境的变革带来的冲击和影响不仅仅波及图书情报机构，而是整个社会，是对社会各行业提出了新的应变要求，也带来了全新的发展机遇和生存空间，图书情报机构同样如此。如果传统的图书情报工作模式、机制、能力不主动适应变革，那只能被边缘化，只能死路一条。相反，如果我们主动应变，敢于创新，大胆探索，将图书情报业务与新的技术、新的需求、新的能力紧密结合，就有可能走出一条新的道路，走向新的辉煌。

为此，《图书情报工作》杂志社自2012年开始每年组织"新型图书馆员能力提升培训班"，旨在动员业内学者专家的力量，通过系列培训的形式，根据图书情报工作新的业务生长点和当前与未来的发展要求，对图书情报人员在新的形势和环境下所应具备的能力进行培养，在业内产生了良好的反响。同时，我们又感到，仅仅靠培训，影响的面是有限的，更需要系统地总结和凝练，编撰出版相应的专业教材，为从业人员提供自学的工具。

这一想法与海洋出版社一拍即合。出版社还专门成立了由我牵头的图情图书出版专家委员会。这套丛书就是通过专家委员会一起讨论、策划、组织的结果。第一辑共10本，将于2014年陆续出版，第二辑也已初步策划完成，正在组织专家撰写，年内和今后陆续地推向市场。

这一丛书将涉及图书情报机构转型变革和图书情报工作创新发展的方

方面面，从理论到技术，从资源到服务，从实践到应用，从方法到案例，动员了全国多个图书情报机构的业务骨干和专家学者。我们力求注重丛书的实用性和前瞻性，理论联系实际，强调务实和可操作性，以便对当前各级各类图书情报机构的业务工作具有一定的指导和推动作用。

这是一项比较庞大的工程，自第一本出版到最后一本，也许不知要延续多少年。但我们坚信，凭借这些专家的专业智慧和对图书情报工作未来发展的领悟，对于图书情报机构转型和创新发展一定会起到应有的作用。图书出版并不是目的，我们的期望是通过图书出版，能为图书情报工作未来发展提供启迪和参考，对推动图书情报机构转型变革有所助益。

海洋出版社出版图情类图书已有多年的历史，对图情学科和实践一直有着重要的贡献。在此，特别感谢海洋出版社能再次慨允出版丛书，为图情理论与实践助力。感谢为丛书的策划与组织付出辛苦的多位专家学者。当然，特别感谢为每一本书撰写内容的每一位作者，他们所付出的汗水，我们作为读者也都能感受得到。

因为所有的作者都在从事教学、科研或图书情报实际工作，撰写图书都是在业余时间完成的。时间紧、任务急，而且很多方面都是探索性的，其难度也是很大的。如果有不足也在所难免，诚望专家和广大读者批评指正。

期待这套丛书在推动图书情报机构转型发展中发挥积极的作用。

初景利
《图书情报工作》杂志社社长、主编、博士生导师
2014 年 1 月 26 日 北京中关村

前　言

美国信息技术咨询与研究公司 Gartner 发布的 2013 年 10 大科技趋势中，移动设备、移动应用和 HTML5、私人云端、物联网、混合 IT 和云计算、战略性大数据等都与图书馆的发展密切相关；OCLC 于 2012 年发布的《美国公共图书馆发展重点与前景展望》调查报告中指出"现今公众使用图书馆的最主要目的是借阅馆藏资源，其次是使用图书馆的技术……"；2013 年国际图联（IFLA）发布的趋势报告探讨未来社会发展的五大趋势以及图书馆如何适应这种社会发展，技术因素占据了重要位置……可以看出，技术正在深刻地影响图书馆、也必将给图书馆带来前所未有的机遇和挑战，技术已逐渐成为图书馆学研究和图书馆实践的主角。

面对新的技术环境和技术趋势，图书馆必须重新思考自身的定位与发展，必须充分掌握和运用技术以不断促进图书馆的服务创新、扩展图书馆的服务边界，才能在新技术大潮的席卷之下携舟击水、弄潮破浪。

这本书的写作者分别来自北京大学图书馆、清华大学图书馆和中国人民大学图书馆，三家图书馆近年来适应新技术的发展和不断变化的读者需求，开展了一系列卓有成效的创新服务——北大移动阅读、多媒体学习中心、数字化、数字应用体验、交互式培训……；清华小图、移动图书馆、微博、虚拟图书馆导航……；人大多媒体视听空间、多媒体工作室、视听研讨、LibGuides 学科服务、微服务……代表了图书馆的新技术应用探索与服务实践。三家图书馆和其他锐意创新、扎实变革的图书馆一起引领着中国图书馆的未来发展。本书既着重理论与思辨，也着重应用与实践；除了作者们所在的图书馆，更全面探析和展现多个图书馆成功的举措和最新的经验，例如公共馆之中国国家图书馆、首都图书馆、上海图书馆、广州图书馆、深圳图书馆；专业馆之中国科学院国家科学图书馆；高校馆之上海交通大学图书馆、厦门大学图书馆、浙江大学图书馆、武汉大学图书馆、南京大学图书馆、中山大学图书馆等。

本书的写作分工如下：

唐勇（北京大学图书馆）：第一章、第六章；

王玮（中国人民大学图书馆）：第二章；

王媛（清华大学图书馆）：第三章；

李伶（中国人民大学图书馆）：第四章第一节、第三节，并负责第四章的统稿；

张璇（中国人民大学图书馆）：第四章第二节（与齐慧彬合写）；

齐慧彬（中国人民大学图书馆）：第四章第二节（与张璇合写）；

张春红（北京大学图书馆）：第五章，并负责全书的组织、体例和统稿。

在本书编写的过程里，图书馆界都还一直发生着各种各样的变化，很多图书馆基于新技术的应用和实践都还在不断地推陈出新，我们很难、也不可能超越这种发展趋势，所以书中难免疏漏错谬，还请读者和业界同行批评指正。

张春红

2013 年 12 月

目　次

第一章　技术进步驱动的图书馆发展 …………………………………… (1)
第一节　图书馆新定义的大讨论 ………………………………………… (1)
第二节　技术进步驱动的图书馆发展 …………………………………… (2)
第三节　现阶段图书馆新技术和空间服务 ……………………………… (6)

第二章　图书馆新技术应用的态度分歧 ………………………………… (11)
第一节　态度分歧的由来和本质 ………………………………………… (12)
第二节　技术派和人文派的主张与争论焦点 …………………………… (15)
第三节　两种观点的碰撞与融合 ………………………………………… (22)

第三章　新技术对图书馆的影响 ………………………………………… (28)
第一节　不断拥抱新技术的图书馆行业 ………………………………… (28)
第二节　新技术对图书馆用户的影响 …………………………………… (36)
第三节　新技术环境中的图书馆核心价值再讨论 ……………………… (41)

第四章　空间与图书馆空间服务 ………………………………………… (47)
第一节　空间与图书馆空间演变 ………………………………………… (47)
第二节　图书馆的共享空间服务 ………………………………………… (60)
第三节　图书馆服务评价与评估 ………………………………………… (86)

第五章　基于新技术的图书馆服务拓展 ………………………………… (98)
第一节　泛在图书馆和泛在化服务 ……………………………………… (98)
第二节　智慧图书馆与个性化服务 ……………………………………… (116)
第三节　自助图书馆与智能化服务 ……………………………………… (120)
第四节　数字应用体验服务 ……………………………………………… (128)
第五节　新媒体技术与图书馆营销 ……………………………………… (132)

第六章　展望 ……………………………………………………………… (146)
第一节　图书馆将被重新定义 …………………………………………… (146)
第二节　泛在图书馆将逐步推进 ………………………………………… (147)
第三节　多功能空间服务是实体图书馆建设的方向 …………………… (151)

第一章 技术进步驱动的图书馆发展

第一节 图书馆新定义的大讨论

2001年,台湾大学胡述兆发表《为图书馆构建一个新定义》一文,认为"传统图书馆的定义,已经失去时宜,不符资讯社会(information society)的需要。为此,我为图书馆建构了一个新的定义",[1]2003年,吉林省的《图书馆学研究》刊物转载了该篇文章,并发起网络环境下"图书馆定义"的大讨论,海峡两岸学者遂开展热烈讨论:黄宗忠发表了《图书馆定义的再思考》,文中说自从1988年其著作《图书馆学导论》出版后,这本图书馆学的基础教材虽连续印刷9次,他却再也没有对图书馆定义发表新的意见,原因"一是书中许多基本观点和材料至今有效,没有过时,二是图书馆实践中发生的新变化、出现的新事物,还需要时间进行总结,上升为理论,并形成新概念。"2003年黄宗忠教授在发表该文时认为胡述兆提出的"为图书馆建构一个新的定义"是可取的、合时的和必要的。他认为网络技术、信息技术广泛应用于图书馆,使图书馆实践发生了很大变化,从图书馆形态上看,传统图书馆和网络图书馆并存,而现有图书馆定义适用范围是传统图书馆,已经不足以解释发生了很大变化的"现有"图书馆,需要更为全面的概念定义来概括;他并认为"要给图书馆下一个科学而确切的定义,的确是困难的,我们只能根据人们对图书馆的认识水平和程度,给某一阶段的图书馆下一个比较科学、比较确切的定义",因为"社会是不断发展变化的,图书馆也是不断发展变化的"。王子舟等通过讨论,将图书馆定义为"图书馆是对知识进行存贮、优控、检索,为公民平等、自由获取知识提供服务的机构。"[2]黄俊贵发表《关于图书馆的定义——与胡述兆教授讨论》一文,认为"图书馆工作要以服务为中心,不能以技术为中心,学术服务性才是图书馆的本质属性",并赞同胡述兆的定义"图书馆是用科学方法,采访、整理、保存各种印刷的与非印刷的资料,以便读者利用的机构",并建议把"机构"改为"文化教育机构"。[3]台湾海洋大学傅雅秀发文《也谈为图书馆建构一个新的定义》,"呼应胡（述兆）老师之观点".[4]台湾辅仁大学的蓝文钦发表了《图书馆定义之我见》，将图书馆定义为"图书馆是以传播知识为目的之机构，图书馆员搜集、整理及组织有记录的知识，提供或协助使用者获得所需的资讯记录"[5]等等，2003年，《图书馆学研究》发表的争鸣文章就有十数篇，而这些文章的作者都是期刊邀约的图书馆学研究领域的专家。

  定义是对于一种事物的本质特征或一个概念的内涵和外延的确切说明。一定时期具有一定的稳定性。由2003年图书馆定义所引发的学术争鸣可以看出，图书馆此时正经历一个快速变化的时期——新技术飞速发展和日益广泛普及，图书馆网络技术和信息技术的广泛应用，优化了图书馆的工作流程，扩充和丰富了图书馆收藏的资源，提升了图书馆的服务水平，拓展了图书馆的服务范围，使图书馆从传统图书馆向传统图书馆与数字图书馆并存的局面发展。这种变化主要是信息技术和网络技术的发展带来的。有学者通过文献计量学方法，分析了从1999年到2009年十年间我国数字图书馆发展情况，认为2003—2006年是数字图书馆发展取得重大进展的时期，在这个时期数字图书馆研究和实践领域的很多关键问题、关键技术都被提出并被广泛讨论和实施。[6]2003年是我国数字图书馆发展的一个转折点，此后，我国数字图书馆进入快速发展时期。我们可以这么认为，这个快速发展时期是由信息技术等的高速发展所驱动的。纵观图书馆的发展历史可以看到，技术的发展与进步始终驱动着图书馆的发展，从传统图书馆到数字图书馆，再到泛在图书馆（后数字图书馆），图书馆的发展历程处处体现着技术的影响，渗透着技术的影响、拉动。

第二节　技术进步驱动的图书馆发展

  阮冈纳赞说"图书馆是一个生长着的有机体"。图书馆会随着政治、经济、文化、技术等的发展而不断发展变化。在图书馆发展的众多影响因素当中，技术是一个重要的影响因素。学者们普遍认为，无论图书馆的工作手段及存在形式如何变化，图书馆的本质是具有一定稳定性的。如黄宗忠认为"图书馆的本质特征就是社会信息、知识的收集、处理、存贮与传递、利用，根本属性就是社会信息、知识的集聚与利用。社会信息、知识的集聚与利用，是图书馆的一对主要矛盾，它是图书馆所固有的，也是区别于其他事物的根本。"[7]通过展现不同技术背景下图书馆本质的不同表现，必能梳理出技术发展对图书馆发展的影响及驱动。

(1) 社会信息、知识的收集

记录文字、保存人类文明的各种载体的信息资源（文献）是图书馆赖以存在的物质基础，各载体信息资源的生产方式、载体类型、数量等的变迁对图书馆的发展有着重大的影响。每次技术的变革，都会改进信息资源的生产方式，使信息资源的数量大幅增加，采用的文字载体也更轻便，更利于收集。就我国而言，文字载体的变革经历了实物时期：即以实物（包括甲骨、竹木简、石、陶、皮革、布绢、金属物等）为文字载体、纸张时期和电子化、数字化时期。我国汉以前，文字载体基本都是实物，这类载体价值比较贵重、体积比较大、重量比较重，所有的书籍全依靠手刻或手抄完成，费时费力，复本少，一旦流失就会失传。基本都是由"官家"和贵族制作、收集和收藏。造纸术的出现，纸的发明，特别是纸的推广使用是人类文化史上的一次大的革命，据范晔《后汉书·蔡伦传》记载："自古书契多编以竹简，其用缣帛者谓之为纸。缣贵而简重，并不便于人。伦乃造意，用树肤、麻头及敝布、鱼网以为纸。元兴元年（105年）奏上之，帝善其能，自是莫不从用焉，故天下咸称'蔡侯纸'。"纸张制作较之以前的实物载体，成本较低，易于制作、轻便且易于流传，一出现便得到了社会广泛的认可和传播，使图书文献资料剧增，扩大了图书馆的藏书量和规模，同时也加速了文化、科学、技术的传播和发展。印刷技术的发明和改进，更是提高了信息资源的生产效率，使得信息资源数量的大幅增加成为可能，也为现代图书馆的产生和发展提供了基础。数字载体的出现，是人类文化史上的又一次深刻变革。电子报纸、电子杂志、电子图书等电子阅读物比印刷书籍更具有先进性。"它突破了文字载体依附于有形物质而存在的传统，它使文字的载体在有形物质和无形物质之间生存和发展，是人类历史上又一次伟大的变革。"国外文字载体也经历了同样的历史沿革：实物载体时期的美索布达米亚的泥板书，古埃、古希腊及古罗马的泥板书、佩尔加蒙得羊皮书等；纸张时期的古埃、古希腊及古罗马的纸草书，13世纪，中国的造纸术传入欧洲，纸质文字载体日益占主导地位；19世纪中期后，缩微、磁盘、光盘、硬盘等电子载体和数字载体出现并飞速发展。

(2) 社会信息、知识的处理

社会信息、知识的处理是把图书馆收集到的信息资源，按照一定方式进行整理加工，以便于利用，它也是图书馆的基本工作。图书馆的信息处理方式、方法和手段，随着信息载体的不断变化和技术的发展而不断变化。在纸张出现以前的实物文字载体时期，由于文献数量较少，图书馆基本只是作为文献储存之用，即使有文献整理，对文献整理的技术还比较原始，如我国考古发现的殷商时期的殷墟甲骨文资料中的骨臼刻辞，据郭沫若考证，这骨臼刻辞"其性质实如后人之署书头，或标牙签。盖骨既卜，必集合若干骨为一包，裹而藏之。由肩脚骨之性质而定，势必平放，平放，则骨臼露于外，故恰好利用其地位以作标识。"[8] 可以看出，虽然那时对甲骨文文献已经有一定的整理加工和排序的方法，但是受到技术限制和现实的需要，技术比较原始，手段还比较笨重。

随着技术的发展，文献资源的数量逐渐增加，对文献资源进行整理已经十分必要，这就导致图书目录的出现。如亚历山大图书馆编制出的馆藏目录"pinakes"，又称《各科著名学者及其著作目录》，将书目分为6大类：诗人；立法者；哲学家；史学家；修辞学（演说家）；其他（包括医学家、数学家、杂家等）。每一类还有复分，这是一部名著解题书目，每一作品附有著者生平介绍、书名、作品的开头几句话、作品的总行数，还附有评介。我国汉朝的《汉书·艺文志》分六艺、诸子、诗赋、兵书、数术、方技6略。

随着近代工业革命的兴起，印刷术的不断进步，进一步提高了文献生产的效率，交通和电讯技术的发展，使信息交流和文献传播更为便捷，文献数量也急剧增长，原有的分类法已不能满足需要，更大更全更适合的分类体系如《杜威十进制分类法》、《美国国会图书馆分类法》等被研制。信息整理的单元逐步由以载体为单元到以知识内容为单元。

20世纪60年代以前，图书馆收藏以印刷型文献为主，通过卡片或书本式目录揭示馆藏，图书馆各业务开展以手工为主。但是到了20世纪50年代，科学技术飞速发展，人类的信息生产也以前所未有的速度发展，出现了"知识爆炸"，图书馆要有新的信息组织技术，才能快速整理数量激增的信息资源。而此时，计算机技术的出现和高速发展，为此提供了契机。1964年，美国国会图书馆研发出了机读目录，1966年，美国国会馆成功开发了MARC I，1968年又推出了MARC II，并正式向全世界发行。机读目录大大加速了编目流程。互联网的发展，联机编目的出现，更是在全球范围内大大优化了编目的流程，加快了知识处理的速度。

网络的发展、PC机及互联网的繁荣、电子出版的兴起，各种媒体、各种渠道的信息资源都大量涌现：电子图书、电子期刊、数据库、多媒体资源等；正式出版、非正式出版的资源、印前出版、实验数据等，图书馆也因此面临着前所未有的挑战。

(3) 社会信息、知识的存储

社会信息、知识得以记录、保存，人类文明才能得以延续，信息存储是图书馆的基本业务之一，技术的发展和信息资源的增长，推动着存储方式和技术的不断发展和完善，从而保障图书馆能够满足保存人类文明和提供知识服务的职能。以实物为文献载体的时期，社会信息、知识存储在甲骨、陶、竹帛、金属物等实物上，这些实物载体再存放在一定的物理空间进行保存。如考古学家对甲骨文的考证，认为甲骨文的存储要经过入库登记和记录，按时代与按形式区分存储等，已经有意识地进行存储。纸张时期，社会信息、知识记录存储在纸上，图书馆以大小不同的馆舍存储着纸质文献。较之实物载体时期，两者共同的特点是信息和载体的一体性，保存了载体的完整，也就保存了社会信息和知识的延续。但是由于纸质文献较之实物文献体积小，相同面积的载体能记录更大的信息量，所以相同面积的馆藏能存储更多的信息资源，但是随着纸本资源的工业化生产而带来的数量增加，对馆舍面积的要求越来越大。电子化、数字化时期，信息资源的类型多样：文本、动画、音频、视频并存，数量上除了传统的纸质资源飞速增长，数字资源的数量增长也一日千里，传统的存储方案面临着重要问题，即要求新的技术应用以解决馆舍面积和纸本资源数量的矛盾。同时，随着网络技术的发展和信息存储量的持续增长，要求计算机存储器有更快的访问速度、更大的容量、更小的体积、更低的价格、更高的可靠性，这对数字图书馆的发展具有重要意义，磁存储技术、半导体存储技术、光存储技术先后被图书馆采用。随着科学技术的发展和新的技术不断地涌现，将有很多新的、先进的、大容量的存储技术提供应用。

(4) 社会信息、知识的传递利用

技术的发展对图书馆另一个重大的推动就是社会信息、知识的传递和利用。在实物文献时期及纸本文献早期，基本找不到文献查找利用的方式方法记载。一是因为图书馆所收藏的文献信息数量较少，查找方便，二是因为图书馆的主要功能是"收藏"。随着技术的发展即印刷术的出现，纸本信息资源的日益丰富，一方面信息产生、传播交流等逐渐由王室贵族转向平民，另一方面，从浩如烟海的信息资源中查到所需信息也显得比较迫切。信息技术的发展，促使信息整理加工的科学化，这也为信息查找提供了支持。但是信息检索基本还是手工完成，检索所使用的工具主要是纸质工具书，而检索的范围相对也比较窄。使图书馆发生革命性变化的是电子计算机在文献检索中的应用，1954年美国海军兵器中心图书馆建立电子计算机情报检索系统开始，检索技术已经历 1954—1964 脱机检索、1965—1972 年联机检索，1973 年至今互联网检索的三个阶段。

综上可以看出，图书馆的发展一直受技术的推动和影响。可以说，图书馆的发展史就是技术发展应用的历史。实物时期的社会信息、知识的记录载体以天然材料为主，较为笨重和稀少，由于技术的限制，其制作技术主要是手刻，费时费力，很难大量生产和广泛的传播，其存储利用也较为简单。随着造纸技术的发明和印刷技术的改进，文字载体成本降低，体积减小，携带轻便，纸本文字载体大量出现，使社会信息、知识得以更为广泛地收藏和传播，而其制作技术也逐渐由手写过渡到机器印刷。信息技术的发展，电子载体、数字载体出现，大量信息、知识可以存储在很小的硬盘上，而且可以无限复制，网络技术的发展，使社会信息、知识的收集、存储不再受时间、空间的限制，这就大大拓展了图书馆的空间，提升了图书馆的服务。

第三节　现阶段图书馆新技术和空间服务

纵观图书馆知识收集、处理、存储和利用的历史可以发现，技术发展始终驱动着图书馆的发展。现阶段，技术的发展日新月异，以前所未有的速度深刻改变着人类的生活方式和学习习惯：PC 机的普及、手持设备的流行、网络的便捷性和普及性、网络社区的兴起等等，让地球上数以万计的人不分地区、不分种族、不分文化背景、随时随地地联系在一起，地球成为一个天涯咫尺的空间，信息的产生和交流也变得前所未有的便捷。图书馆作为信息聚集和提供利用的一个机构，在技术的装扮下，也展现出新的姿态和面貌。

3.1　学术论剑，花落谁家

信息技术的发展，尤其是网络互联网技术的发展、数字出版的兴起、google 等搜索引擎的迅猛发展以及飞速发展的各种新技术对图书馆的冲击和影响，让图书馆人开始思考技术与图书馆之间的关系，探讨图书馆在新技术背景下的发展及前途，并由此引发又一波的学术争鸣。经常"混迹"在图林博客圈的图书馆员，对"人文烟鬼"和"技术酒徒"不会陌生。雨禅在 2012 年 10 月 24 号的博文《技术酒徒》中对技术酒徒做如下定义："技术酒徒是新一代图书馆员的代名词。技术酒徒认识到信息技术的核心地位，认识到任何信息服务必须依赖信息技术来实现，图书馆服务的问题都可以找到或者应该找到基于信息技术的解决方案。职业价值取向转变为信息技术取向，这就是技术酒徒的价值观。所谓技术酒徒就是指具有这样的职业价值观的图书馆员。"[9]技术酒徒以刘炜为代表的一批图书馆人,倡导技术救图,认为图书馆"信技术,得永生"。雨僧认为技术创新是图书馆通向未来的唯一通道。[10]但是以程焕文为代表的"人文烟鬼"认为"技术酒徒"们夸大了技术的作用,如程焕文抛出的"资源为王服务为妃技术为婢"论:[11]认为"资源为王:资源是图书馆传宗接代的命根子。没有资源,图书馆就没有香火,一切玩完。所以,资源是图书馆绝对的至高无上的王。服务为妃:服务是图书馆人丁兴旺的传家宝。服务为妃,一则要国色天香,大大的漂亮,二则要三宫六院,多多益善。服务不漂亮,服务不新颖,服务不多样,为王的资源可能会难以传宗接代,甚至被废了。技术为婢:技术是图书馆吆三喝四的奴婢。技术为婢,老少皆宜,新旧杂陈,各有所用,有用就用,无用就扫地出门。特别漂亮的奴婢也可以拔为贵人之类的妃,上升为服务"。另一"人文派"代表游园抛出技术酒徒七谬论[12]等。"技术派"代表刘炜也针对七谬论予以回击,认为技术酒徒们崇尚技术,并且"毫无保留"地认为,正是科学技术,才是创造现代文明的第一动力,并且号召图书馆要积极实践新技术的应用。这场"人文烟鬼"与"技术酒鬼"的学术论战硝烟四起,技术对图书馆的发展是第一位的?是第二位的?还是其他?技术与人文对图书馆发展的驱动关系如何?本书拟从技术哲学的角度出发,探讨技术与图书馆发展之间的关系,详见第二章。

3.2 用户改变,何去何从

互联网技术的发展、网络技术的普及,使得人类的信息传播、获取和利用行为发生了很大的改变。用户是图书馆的服务对象,是图书馆价值的代言人,图书馆不能忽视新技术给图书馆用户带来的变化。

首先,"用户"的覆盖范围大大拓展。网络技术迅速发展以前,图书馆的用户仅仅局限于图书馆区域附近的可以到馆的用户。而网络技术的发展和普及与数字图书馆的发展,大大超越了图书馆仅为到馆用户提供资源和服务的局限,大大拓展了图书馆用户的范围。使得"任何用户"可以在"任何时间"、"任何地点"利用图书馆的资源和服务成为了可能。

其次,"用户"与图书馆的关系发生了很大变化。(1)"用户"不再仅仅是信息的使用者,同时也是信息的生产者。web2.0以前,图书馆的用户仅仅是信息的使用者,他们很少直接参与到图书馆的资源建设等流程,被动地接受图书馆所提供的资源和服务。迅猛发展的web2.0技术,使得用户与图书馆的关系发生了很大的变化，图书馆用户不仅仅需要使用图书馆的资源和服务，还可以创建资源，如北京大学图书馆建设的特藏资源"北大博文"就是利用众多的北京大学学者创建的博文资源搜集整理加工而来。（2）用户获取信息的渠道也不仅仅依赖于图书馆。互联网技术的普及、网络社区的繁荣、实时通讯工具的出现，使得用户随时可以通过搜索互联网上开放的信息资源、与同行专家的远程沟通、通过网络社区的同行交互等获取所需要的资源，新技术的发展为用户提供了获取信息的广泛渠道。（3）用户利用图书馆的行为也发生了很大改变，用户趋向于更便捷的信息使用方式，尤其是移动设备和无线网络的发展与普及，让用户随时随地利用资源和服务成为了可能，也对图书馆的服务提出了新的要求。（4）用户对图书馆的期望也发生了改变。以前图书馆是收藏图书、提供信息服务的机构，但是随着技术的发展和文化的繁荣，用户对图书馆文化教育的需求日益凸显，对图书馆作为"公共空间"的呼声越来越高。

第三，新技术使得图书馆"用户"研究更为便捷。"当前，发展和利用信息技术已经成为图书馆了解和满足用户信息需求的重要手段。"[13]既然图书馆用户在新技术环境下信息行为发生了很大的改变是不容忽视的事实，这就需要研究和了解新技术对图书馆用户的学习、科研、生活等方面的影响，研究新技术背景下用户的信息交流、传播和利用行为，研究 Web 2.0 技术背景下用户参与图书馆的资源建设和服务策略的效果，研究图书馆如何利用新技术来满足用户新的需要。

新技术对图书馆用户的影响详见本书第三章。

3.3 空间服务，前驱导向

网络的发达与技术的发展给图书馆带来巨大的冲击，一方面读者的学习方式和阅读习惯改变导致其对于图书馆的需求发生重大变化；另一方面图书馆获得前所未有的发展契机，可以充分利用技术和网络的优势延伸服务功能——图书馆空间服务因此越来越受到重视和关注，并将逐步成为图书馆服务的前驱。张春红等总结了图书馆领域相关专家的意见，认为随着计算机技术飞速发展、社交网络的出现以及信息共享的发展，可以越来越准确地定义图书馆是这样一个场所：能够提供计算机技术、教学服务整合、协作空间和专家级的帮助，加强研究、创新知识、有助于学习的地方。[14]郭海明认为"空间服务"将是现代图书馆服务发展的新趋势，也是未来图书馆服务的重要定位与主要内容。[15]什么是图书馆的空间服务？发展现状如何？图书馆空间服务未来发展趋势如何？本书相关章节将对这些问题进行探讨。

"乱花渐欲迷人眼"，如此多的技术应用到图书馆，给图书馆带来了怎样的变化？又将把图书馆引向何方？图书馆在新的技术背景下的服务模式怎么样？图书馆的空间服务何去何从？关于新技术和图书馆空间服务的探讨详见本书第四章。

3.4 服务凸显，日新月异

随着数字资源的日益丰富和网络的普及，随着数字图书馆建设的推进，图书馆的工作重心从以藏为主过渡到以用为主，日新月异的各种新技术为图书馆服务提供了强大助力和支撑，图书馆借助于新的技术开展了丰富多彩的各类服务，拉近图书馆与读者的距离，提高图书馆的可用性和易用性。

首先，新技术优化了传统的服务。新技术背景下，用户的学习、生活等习惯已经改变，传统的图书馆服务已经无法更好地满足日益变化的用户需求，需要对传统的服务进行升级或优化，而新技术为优化传统服务提供了技术支持和平台支撑。如传统的借阅服务，在技术的支撑下实现自助借还书服务；传统的打印复印服务到自助打印服务的转变；传统的参考咨询到IM咨询的转变等。

其次，新技术拓展了图书馆新的服务。移动图书馆、智慧图书馆、智能化服务、自助服务、体验服务、新技术和新媒体营销、空间服务……伴随着技术的发展，图书馆的服务方式和服务手段也不断地发展变化，"以用户为中心"，以新技术为支撑，服务方式日新月异，服务工具更加便捷、服务内容更加细化和专深。

第三，新技术使图书馆服务更为泛在化。随时随地向任何用户提供其所需要的资源，是泛在图书馆的重要特征。网络的普及，移动阅读设备的流行，数字资源的数量剧增，使图书馆随时随地向任何用户提供其所需要的资源在硬件上得到保障。

第四，新技术使图书馆服务更为个性化。信息技术的发展和数字信息资源的丰富，使得人们获取信息日益便捷，但同时，信息资源铺天盖地，也使得信息过载问题日益突出，个性化服务是图书馆解决这些问题的又一措施，而技术的发展为图书馆个性化服务提供了强大的助力：3G技术促使了手机图书馆的诞生，使读者借助手机就可便捷地获得个人借阅信息查询、图书馆公告通知等图书馆服务。IM技术在图书馆的应用，使得读者可以随时咨询图书馆；RSS技术的应用、我的图书馆、学科资源导航等各种个性化定制工具可为用户提供个性化的信息管理系统和存储服务，满足读者个性化、多元化的需要。当然，对新技术背景下图书馆个性化服务进行研究也是大势所趋。据2013地平线报告研究，当下对教学、学习以及创造性探究产生影响的发展趋势之一就是个性化学习将会越来越重要，图书馆新技术背景下如何提供个性化服务？提供哪些个性化服务？效果及前景如何？新技术环境下的图书馆服务拓展详见本书第五章。

参考文献

[1] 胡述兆．为图书馆建构一个新的定义［J］．图书馆学研究，2003（1）：2-4

[2] 王子舟等．从知识的角度定义图书馆——由胡述兆先生的观点展开的一次讨论［J］．图书馆学研究，2003（6）：14-18，85

[3] 黄俊贵．关于图书馆的定义——与胡述兆教授讨论［J］．图书馆学研究，2003（4）：2-4

[4] 傅雅秀．也谈为图书馆建构一个新的定义［J］．图书馆学研究，2003（9）：2

[5] 蓝文钦．图书馆定义之我见［J］．图书馆学研究，2003（11）：13-14

[6] 张春红、唐勇、肖珑．我国数字图书馆研究十年发展回顾［J］．大学图书馆学报，2011（4）：18-24

[7] 黄宗忠．对图书馆定义的再思考［J］．图书馆学研究，2003（6）：2-10

[8] 郑伟章．从骨臼刻辞看殷墟甲骨的管理方法与我国图书目录的起源［J］．湘潭大学学报（哲学社会科学版），1978（2）：117-121

[9] 雨禅．技术酒徒．［2012-10-24］http://blog.sina.com.cn/s/blog_4c725fcc01017iva.html.20130715

[10] 雨禅．技术创新是图书馆通向未来的唯一通道．［2013-07-15］.hyperlink "http://blog.sina.com.cn/"s/blog_4c725fcc0100e9ac.html

[11] 程焕文．资源为王服务为妃技术为婢．［2013-07-15］.http://blog.sina.com.cn/s/blog_4978019f0100hjob.html.

[12] 游园．技术酒徒七谬论．［2013-07-15］.http://www.yuchuanzheng.net/?s=%e6%8a%80%e6%9c%af%e9%85%92%e5%be%92

[13] 李彦昭、陈雪飞、陈朝晖．图书馆战略规划中的用户研究与服务——对国外图书馆战略规划文本的分析［J］．情报资料工作，2012（01）：84-88

[14] 张春红等．变革与走向：共同探索图书馆的未来——北京大学图书馆建馆110周年国际研讨会暨PRDLA2012年年会综述［J］．大学图书馆学报，2013（1）：5-14

[15] 郭海明．资源共享理念下的图书馆空间服务［J］．图书馆理论与实践，2011（7）：1-4

第二章　图书馆新技术应用的态度分歧

　　人类社会关于技术应用的态度分歧由来已久，早在欧洲文艺复兴时期就已经出现。法国著名启蒙思想家卢梭在《论人类不平等的起源》中提及："从人的地位和财产的极端不平等中，从各种各样的欲望和才能、无用而有害的技艺、毫无价值的科学中，将会产生出大量的偏见，都对人的理性、幸福和美德造成危害。"[1]卢梭抛开对科技应用的盲目乐观，开始反思技术的利弊，首开技术批判的先河。目前，应用于图书馆的新技术主要有：移动技术、即时通讯技术、物联网、数字出版、开放获取、云计算、大数据、社交网络和富媒体技术等，这些新技术大都属于网络信息技术，从全球科技浪潮来看，应用于图书馆的新技术属于以信息技术革命为主导的第三次科技革命。第三次科技革命是以原子能、电子计算机、空间技术和生物工程的发明和应用为主要标志，涉及信息技术、新能源技术、新材料技术、生物技术、空间技术和海洋技术等诸多领域的一场信息控制技术革命。第三次科技革命影响了人类的生活方式乃至思维方式，正如应用于图书馆的新技术影响了图书馆的发展方式乃至馆员的思维方式。随着以信息技术为主的新技术的应用以及其对图书馆发展的巨大促进作用，新技术在图书馆发展过程中的地位日趋重要，这让不少人坚信任何问题只要诉诸技术途径，就能够得以解决。在新技术应用的热潮下，出现了一批图书馆学界的"卢梭"、"芒福德①"、"赫胥黎②"、和"埃吕尔③"，他们开始反思图书馆新技术应用的利弊，认为由于新技术的应用，图书馆逐渐忽略了人的地位以及图书馆自身彰显的人文关怀，整个图书馆学界出现了人文危机。

---

　　① 刘易斯·芒福德是人文主义技术哲学的代表人物，他对技术持悲观的态度，认为技术最终将导致人类文明的灭亡。
　　② 阿道司·赫胥黎是技术悲观主义的重要代表人物，他在其著作《美丽新世界》中预言机械文明主宰人类文明，机械化的工作与生活方式将主导人类社会，人性将被技术理性剥夺。
　　③ 雅克思·埃吕尔，技术悲观主义代表人物，他认为技术具有价值取向，自主化的技术将主宰一切，整个社会成为了技术社会，被完全囊括在技术系统中，没有任何方式能够制约技术自我价值的偏好与组织进程。

第一节 态度分歧的由来和本质

1.1 态度分歧的由来

图书馆新技术应用的态度分歧大致可以归纳为：图书馆为了适应第三次科技革命以来形成的网络信息技术环境，不断地将网络信息技术为主的各种新技术应用于图书馆，对图书馆的概念、发展方式以及图书馆员的工作方式、职业规划、价值定位、存在意义等产生了巨大的影响，在这样的境遇下，图书馆学界及馆员形成的、关于新技术应用的不同价值取向。

1.1.1 新技术应用的两个阶段

从新技术应用指向的对象上来看，对于新技术的应用经历了两个阶段，即：取代体力与取代脑力两个阶段。第一个阶段，以取代机械劳动为目标的新技术应用。以 Symphony 为代表的图书馆自动化管理系统和以自助服务为主的自动化技术应用到图书馆，图书馆馆员的一些简单机械体力劳动得以解放，与此同时，图书馆未来发展对图书馆馆员的素质要求也相应提高。第二个阶段，以取代脑力劳动为目标，网络信息技术等新技术全面进军图书馆，这一阶段的技术应用不再以取代简单的体力劳动为目标，而是要发展出更精致的脑力思维，技术被认为能够解决一切问题，数字图书馆、泛在图书馆、智慧图书馆等图书馆新概念应运而生。在新技术的推动下，不仅图书馆的具体形态发生着变化，而且图书馆的定义也逐渐改变。究竟"什么是图书馆"的困惑，深深冲击着工作于图书馆中的馆员。追本溯源，由于新技术的应用使得图书馆发生了巨大的改变，那应用于图书馆中的技术也变成了现代馆员关注焦点，在此基础之上，图书馆学界形成了面对图书馆新技术应用的基本态度。

1.1.2 对于新技术应用的两次态度转向

从包括网络信息技术在内的各种技术应用于图书馆的整个技术发展历程来看，图书馆员关于技术的应用发生了两次态度转向。第一次态度转向总体看来是乐观的。由于图书馆自动化管理系统以及自助服务等新技术的应用，馆员的体力劳动得以解放，不仅让图书馆的服务突破了时空的限制，而且使得馆员有更多的时间开展更具有创造性的服务，各种以馆员为主体的特色服务得以展开，如学科服务、咨询服务、空间服务、多媒体服务等。第二次态度转向之后，新技术的应用指向馆员的脑力劳动，形成了各种智能化服务，例如：基于物联网的泛在服务。泛在服务具有更高的智能性，它让图书馆无处不在的同时削弱了图书馆实体的存在意义，将内容与整合诉诸用户减弱了图书馆员的存在价值，此时，对于新技术应用的态度开始走向悲观。可以说随着智能化新技术的应用，网络信息技术出现各种取代馆员脑力劳动的趋势，智慧图书馆的出现以及各种智能化的终端设备，让馆员沦为技术和实用性的附庸，失去了在图书馆中存在的意义。随着新技术的进一步发展，数字图书馆概念的产生，图书馆逐渐虚拟化，图书馆存在的价值也受到质疑，美国著名图书馆学家兰开斯特（F. W. Lancaster）在 1978 年就曾提出"在下一个二十年（1980—2000 年），现在图书馆可能完全消失[5]。"

当馆员走出新技术应用带来的喜悦，开始反思技术的时候，对于图书馆新技术应用的态度分歧便正式拉开了序幕。与此同时，各种与新技术应用相关的服务及图书馆概念也受到质疑。例如，1988 年"数字图书馆"概念的提出、电子书取代纸本书、各种数据库的出现让图书馆馆藏变得过时。传统图书馆的数字化加上网络与搜索引擎对图书馆消亡论起到了推波助澜的作用。随着信息技术的发展，在网络新媒体的推动之下，技术决定论弥漫于整个图书馆领域，关于新技术应用的争论逐渐上升为图书馆的生存发展之辩[6]。

1.2 态度分歧的本质

图书馆新技术应用的态度分歧本质上是图书馆员对待"技术"的态度分歧，而这个态度分歧产生的根本原因在于图书馆员对"技术"一词的不同理解。可以说，图书馆新技术应用态度分歧的源头不在于所谓的"技术派"，更不在于"人文派"，而在于两派对技术一词的不同解读之上，正是因为图书馆员对"技术"的不同理解，甚至是误解，造成了图书馆新技术应用的态度分歧。因此，在探讨态度分歧的本质之前，我们不妨先了解一下"技术"究竟是什么？

1.2.1 技术的内涵

一提到技术人们最先想到的大都是工具与效率，很少会有人将技术与文化和人的思维联系起来。"从逻辑根源上说，技术是主体智慧的结晶与外化，前者属观念形态的智能技术，是技术的本源；后者属实物形态的物化技术，是前者的派生物，二者统一于技术活动过程之中，构成了现实的技术形态。"[7]可以看出，技术从其概念上就分为智能技术与物化技术两种。实物形态的物化技术内涵对应着人们关于技术的工具与效率的理解，观念形态的智能技术内涵则对应人文层面的技术文化与技术理性。至此,不难看出,图书馆技术派对技术的理解偏重于工具与效率,即:物化技术的内涵。图书馆人文派对技术的解读偏重于文化与思维,即:智能技术的内涵。由于人文派与技术派对技术内涵理解的侧重点不同,造成了图书馆关于新技术应用态度分歧的开端。

鉴于"技术"本身内涵的两重性,关于技术的定义也就有了狭义与广义之分。狭义的技术主要指具体物化技术,例如:工具和设备。广义的技术主要指与技术有关的观念形态与技术理性,包括各种智能信息管理系统以及各种以"如何有效地实现目的"的技术理性为导向的社会组织与管理模式以及社会活动[8]。由于对技术的理解不同,形成了两派之争的误解,与此同时,不同派别各有各的理论土壤,演变出一场"技术酒徒"与"人文烟鬼"的博弈也并不奇怪。如今,技术派关注的焦点已经不再局限于探讨技术的工具与实用,而是越过物化技术的界限走向技术文化,即:用技术的逻辑与理性去重新定义图书馆的概念并且凭借技术理性认为技术能够解决一切问题,当技术派上升为一种技术文化或者理念的时候,必然会和人文派不期而遇。但是究其根源,两派的态度分歧本质上是对技术内涵的理解各有侧重导致的,从技术的内涵上来看,产生态度分歧的领域主要集中在广义技术层面,即:技术文化与技术理性层面——如何有效地实现目的这样一种技术理性与文化,而不再仅仅局限于物化技术本身。由于两派之争的焦点并不在于物化技术本身,而在于技术文化层面,本文将锁定技术文化层面,进一步探讨两派之争的本质,这就将问题引向了技术哲学中两个传统的探讨。

1.2.2 技术哲学的两个传统

按美国著名技术哲学家卡尔·照米切姆的划分法,技术哲学中存在着两个传统,即:工程主义传统与人文主义传统。与此相对应,技术哲学分为工程主义的技术哲学与人文主义的技术哲学。工程主义的技术哲学(Technological Philosophy)的研究者主要是技术专家或工程师,"工程主义技术哲学是技术专家或工程师精心创立的一种技术哲学(Technological Philosophy)的尝试",是"从内部分析技术的哲学,体现的是技术自身的逻辑"[9]。技术哲学用语的创立者恩斯特·卡普便属于工程主义的技术哲学。人文主义的技术哲学(Philosophy of Technology),其研究者主要是哲学家以及人文科学家,它是"哲学家以及人文科学家认真地把技术当作是专门反思主题的一种努力"[10],"是从技术外部透视和解释的技术哲学,它侧重于展现技术与社会文化之间的互动。"[11]赫胥黎、丹尼·贝尔、芒福德、埃吕尔、海德格尔等对技术的反思都属于人文主义的技术哲学。从这两个传统可以看到，工程主义哲学并不关注技术对社会的影响，因此，图书馆的两派之争实质上属于人文主义的技术哲学这个传统之下的技术乐观主义与悲观主义之争，参与争论的技术派已经不再是单纯的技术研究派，而是成为一种技术文化派，与人文派在技术文化的层面展开争论。从社会文化的层面来看，一直存在着两种文化之争，即：科学文化与人文文化之争。由于两种文化之争导致了人文主义技术哲学中的乐观派与悲观派之分，而这两派之争蔓延到图书馆，又进一步加深了技术派与人文派之争，因此，图书馆技术应用之争除了是技术决定论之争，还蕴含着技术哲学中传统下的人文主义之争，即：技术乐观主义与技术悲观主义之争。技术派总的看来都持有技术决定论的观点，乐观的技术决定论者认为图书馆的一切问题都能用信息技术解决，而悲观的决定论者则认为随着技术的发展，图书馆将不复存在，提出"图书馆消亡论"。人文派反对的是技术决定论的观点，并不认为技术将能够解决一切问题或者导致图书馆的灭亡。在技术哲学中，关于技术决定论的批判比比皆是，这就构成了人文派的主要观点。由于对技术内涵的不理解甚至是误解，造成了图书馆新技术应用的态度分歧。技术派要逾越技术的广义层面涉猎科技伦理与文化，而人文派又试图否定技术的狭义内涵。不同层面的交锋，造成了技术应用的态度分歧。技术应用的态度分歧，主要是集中在文化层面。理解了何为技术，也就看清了态度分歧的本质。图书馆新技术应用的态度分歧本质上是对"技术"片面理解的结果，是一场不同层面的对话，中间存在的更多的是不理解与误会，而绝非孰对孰错。

第二节 技术派和人文派的主张与争论焦点

2.1 技术派的判定及其主张

图书馆技术派强调技术在图书馆发展中的决定性地位，技术派看到了技术应用于图书馆带来的巨大发展，也意识到了技术应用对图书馆的毁灭性。技术派认为图书馆发展的关键在于将各种新技术源源不断地应用于图书馆，这样图书馆就会得到发展，更有偏激的技术派将所有的技术应用于图书馆，其最终结果是图书馆将消失于浩瀚的网络信息技术之中，即构成了图书馆技术派中的悲观主义，他们提出了图书馆灭亡论。当然图书馆灭亡论的论调也被一些人文派引用，但是这并不是人文派的关注点。

2.1.1 图书馆技术派的判定

判定图书馆技术派的一个关键点在于是否持有技术决定论的论调。也就说无论是肯定技术还是否定技术，只要持有技术决定论的论调，便属于技术派。如果认为技术能够解决一切问题，认为技术促进甚至创造了现代文明，那就属于技术派中的乐观派，例如：丹尼尔·贝尔在《后工业社会的来临》中提到"专家治国"的理论，认为随着科学技术的发展，它将能够用科学技术解决所有的社会问题，推动人类社会的进步与发展，这样的社会将会是最幸福的社会[12]。同样的论调对于图书馆而言即"技术专家治馆"，科学技术能够解决图书馆发展过程中的所有问题，促进图书馆的发展，这样的图书馆对于读者而言将是最幸福的图书馆。阿尔文·托夫勒（Alvin Toffler）在《第三次浪潮》[13]中曾充满期待地为第三次科技浪潮创造出来的信息化文明摇旗呐喊，技术派中的乐观派接过了这杆大旗。除了在信息资源上提供海量的技术支持，在管理上以及文化上也主张技术第一。图书馆技术派相信技术能够解决一切问题，他们搭建出了一个基于技术更新的图书馆发展蓝图，给读者描绘了一个图书馆技术乌托邦的美丽世界。乌托邦一词来自于法语，本意是天堂，最初用于指一种全新的社会组织模式。技术乌托邦是指基于技术的对未来世界的美好幻想，认为人类能够通过技术打造一个人间天堂。图书馆技术派中的乐观派对于图书馆技术应用的前景非常乐观，认为随着技术的进步以及应用，能够打造出一个最美好的图书馆，这就是技术乌托邦的一个缩影。相反，如果认为技术将毁灭图书馆甚至整个人类文明，这就属于技术派中的悲观主义，他们也强调技术决定论，但是强调的是技术的应用将使图书馆灭亡。

2.1.2 图书馆技术派的技术应用构想

新技术应用于图书馆后，出现了很多新的服务方式与工具。从图书馆的概念开始，出现了数字图书馆、智慧图书馆、移动图书馆、泛在图书馆等新的图书馆定义。在读者服务方面出现了泛在服务、学科服务、文献传递服务、线上咨询、多媒体服务、自助服务等新的服务方式。在资源建设方面，新技术的应用带来了各种资源建设新方法。在技术服务方面，出现了各种基于图书馆的核心技术。随着图书馆对技术的应用，资源检索、空间布局等方面都有了长足的进步，在技术派的主张之下，图书馆将是充满智慧、全自动化的一个高科技图书馆，或许读者只需动动指尖，就可以获得自己的所有资源。可以说，在技术派看来，图书馆未来的发展与技术密不可分，离开了技术，图书馆就将停滞不前、丧失发展的活力，同时他们也认为随着技术的应用，图书馆将被技术淹没。

虽然图书馆的技术化实现了很多原来无法实现的服务，并且大大提高了图书馆资源收集与传递的效率，但是当技术派将技术推崇到这么高的地位之后，人与馆藏资源的地位何在？因此，最了解技术的技术派才会发布各种图书馆尸检报告，提出图书馆灭亡论。如果一切活动都需要按照技术的逻辑展开，图书馆的自由精神也就丧失了。更何况技术的发展有其自己的逻辑，一旦产生就会出现很多意料之外的事情。比如现在随着数字图书馆和移动图书馆的展开，图书馆本身存在的必要性成为了需要讨论的议题，技术使图书馆得到了发展，同时技术的大量应用也使图书馆的生存面临危机。

2.2 人文派的判定及人文关怀

图书馆人文派认为技术应该以人为本，强调馆藏资源之于人的重要性。与技术派中的乐观主义相比，他们更加认同技术派中的悲观主义，因为其认同技术派中的悲观主义也是为了从反面论证人文之于图书馆的重要性，除了技术发展给图书馆带来的好处之外，人文派关注更多的是技术之外的人文价值以及技术带来的负面影响。

2.2.1 图书馆人文派的判定

判定图书馆人文派的关键在于人文派是否认技术决定论的，即：人文派并不认同技术能够解决一切问题，同时也反对图书馆消亡论。图书馆人文派在技术的冲击下，更多地思考图书馆存在的意义与价值，以及人在图书馆的地位。如果说技术派务实，解决的是图书馆发展以及读者需求的一些具体的问题，那人文派关注更多的则是图书馆的人文关怀以及人性本身。如果图书馆能够被收纳于一个软件之中或者网络之中，那图书馆自身存在的价值和意义就没有了，基于此，人文派更多的是捍卫图书馆存在的价值与意义，更多地从人性关照的角度去理解图书馆，去发展图书馆。在人文派眼中，图书馆应该是充满人文关怀的，人在图书馆的发展中处于核心位置，而不是技术。同时人文派认为技术本身也是一种文化的体现，是人类文化的一部分。人文派认为推动图书馆发展的核心力量是人性对知识的渴望以及人类文明的需要，而不是技术的。在人文派眼中，技术并不处于首要位置，甚至在人的地位与技术实用性之间，他们更看重人的地位，甚至愿意牺牲技术带来的利益。这样看起来像是阻碍了图书馆的发展，其实只是阻碍了技术在图书馆中得以应用的发展。

2.2.2 图书馆人文派的人文关怀

最早对技术进行反思的是文艺复兴时期的卢梭，当人们沉浸在工业革命带来的巨大财富中不能自拔时，卢梭开始意识到技术对环境对社会乃至人们的思维行为方式造成的负影响。随着科学技术的发展，尤其是网络技术的发展，更多的网络技术等应用到图书馆之中。在这个趋势下，曾经有人将图书馆定义为传播知识的媒介或者中介。北美媒介环境学①（Media Ecology），专门探讨媒介环境对社会文化的影响。媒介环境学派认为媒介技术影响着人们的行为方式，进而影响思维方式从而改变社会文化。随着媒介技术的发展，大量网络媒介技术被应用于图书馆，以数字图书馆为例，人们前往图书馆的方式从步行改变为通过网络观看，于是对图书馆的理解与定义也发生了变化，提出了类似数字图书馆之类的新概念，在这个前提下图书馆所具备的文化意义受到网络文化的威胁，人文派敏锐地捕捉到这两种文化的冲突，如果图书馆由于实体意义的丧失，而失去了图书馆在社会文化中的含义，那图书馆将被吞噬在浩瀚的网络文化之中。与其说图书馆人文派反对技术的应用，不如说人文派捍卫的是一种图书馆文化，是一种图书馆之所以为图书馆的核心社会文化。当技术应用使得图书馆发展成为网络上的数字符号，那图书馆就将与一个巨型的数据库毫无区别。

如果完全反对技术应用于图书馆，将与现时代的社会环境相悖。技术文化已经成为社会文化的一部分，图书馆的发展也离不开技术的支撑。如果技术不发展图书馆就永远处于藏书楼的状态，也就无法满足人们更多的精神需求。因此，图书馆人文派不应该一味地抵制技术的应用、敌视技术，而是要在这样的技术环境下，通过更好地利用技术，去寻找保存图书馆文化的新途径，积极寻求现代网络技术环境下图书馆转型的新方式。

2.3 两派之争的焦点

图书馆技术派与人文派的争论焦点并不是简单的"该不该用技术"或者

---

① 目前国内对"Media Ecology"的翻译有两个，第一个是媒介生态学，第二个是媒介环境学。何道宽分别从词源学、人文主义与国内学术环境论证了媒介环境学译法的合理性，详见：未名社科·媒介环境学译丛：总序，第2页。[美]林文刚编何道宽译：《媒介环境学》北京大学出版社 2007 年第3页到第4页，也对"媒介环境"的译法作出了说明。经过选择，本文更加认同"媒介环境学"译法。

"用技术好还是不好？"而是存在着更深层次的争论，主要体现在两种文化之争、两种主义之争和图书馆及馆员的未来之争。

2.3.1 两种文化之争

图书馆技术派与人文派的争论在于两种文化之争。技术的存在先于科学，但是并没有出现技术文化与人文文化之争，只有过科学文化与人文文化之争。在古代中国便有文化抵制技术的存在，如庄子认为技术是器物层面，与形而上的君子境界相差甚远，但也可以看出，技术仅仅被认为是一种器物，并不是一种文化。在图书馆，技术派与人文派的争论其实是受到了科学文化与人文文化两种文化之争的影响。现代技术大都是科学理论的应用，技术不仅传承了科学的理性特质，而且更强调实用。技术作为科学的一种延伸，联系着科学理论与现实生活。技术文化与科学文化的共同点在于两种文化都关注物或者物质的文化，强调客观规律，关注物或者物质文化必然会忽略人和精神世界的文化，正是由于技术文化与科学文化的共同点，两者甚至被统称为科技文化。由于科学文化与人文文化的对立，造成了技术文化成为科学文化的另一种体现形式，进而与人文文化对立。因此，技术文化与人文文化的对立，可以追溯到科学文化与人文文化的对立之上。图书馆技术派与人文派背后都分别存在着一种社会文化对其进行支撑：技术派对应着科学文化，而人文派则对应着人文文化。不同的社会文化影响着人们的价值取向与行为方式，与此相对应，形成了相信技术能够解决一切的技术派，以及捍卫图书馆人文内涵的人文派，两派之争说到底是人文文化与科学文化之争的表露。为此，科学哲学家C. P. 斯诺写了《两种文化》一书，专门梳理了两种文化的特性并且阐释了两种文化的区别。有学者认为，两种文化的关注点完全不同，科学文化关注的是物或物质世界的文化，人文文化则是关于人和精神世界的文化[15]。C. P. 斯诺认为两种文化的争论焦点主要集中在研究领域，方法论和真理性三个方面。在 C. P. 斯诺对两种文化分析的基础之上，图书馆技术派与人文派的争论焦点大致也可以体现在以下三个方面：研究领域，即研究热点与关注领域各有侧重；方法论，即定性研究还是定量研究，更侧重于实证性还是侧重于价值性；真理性，即关于技术应用于图书馆并且能够解决一切问题的质疑。

通过研究，很多学者认为两种文化并非天然的，而是人为的，两种文化应该秉持平权的立场、平等的态度，科学共同体与人文共同体必须相互借鉴、彼此学习，科学人争当哲人科学家，人文人力作科学人文家；科学文化与人文文化亟须各自补苴罅漏，科学文化需向善臻美，人文文化需崇实尚理；综合学科尽力综合，交叉学科尽量交叉；从教育入手，全面推行博雅教育或通识教育或通才教育。通过符号学的、诠释学的、意会认知的、契合的进程，科学文化与人文文化结束对峙与分裂，走向融汇与整合。所谓的两种文化融汇与整合而成的文化是斯诺所指的"第三种文化"，即由科学文化与人文文化熔铸而成的"合金文化"，或由两种文化化合而成的"化合物文化"，或由两种文化杂交而成的"杂交文化"。科学文化与人文文化融汇与整合的有效途径是，走向科学的人文主义和人文的科学主义，即走向新人文主义和新科学主义，这是双重的复兴——人文的复兴和科学的复兴[16]。图书馆技术派与人文派的融合也可以从中获得启发，结束对峙与分裂，通过整合科学中的人文主义与人文中的科学主义，形成图书馆新人文主义与新科学主义的局面，在图书馆的存亡与转型问题上达成和解。

2.3.2 两种主义之争

图书馆技术派与人文派的争论在于两种主义之争。和科学文化与人文文化相对应的是技术主义与人文主义。技术主义与人文主义思潮兴起于十二世纪，技术主义注重实用与效率，而人文主义以人为本。技术主义体现的更多的是科学文化，而人文主义则强调人文文化，两种主义本无对错之分，而是价值观上的对立。当两种文化形成了一定的社会准则，凝聚成社会力量，形成了自己固定的工作形式与谋生手段，占据了社会资源之后就形成了主义之争。在图书馆的发展中，随着先进科学技术的引入，技术派图书馆人在图书馆的工作中逐渐形成了以技术应用为中心的工作态度与方法，他们自觉或者不自觉地遵循着以技术为中心的工作态度与方法，在面对图书馆发展问题的时候，主张采用技术手段解决问题，并且坚信技术方法能够解决图书馆发展中遇到的所有问题，技术派打着技术主义的旗帜，认为技术应用就是打开图书馆未来发展的万能钥匙，认为技术将决定图书馆的存亡。人文派则相反，他们坚持以人为本，将人视为目的而不是手段，追求精神自由，主张打破技术主义的控制与技术理性的精神枷锁，在技术应用的同时，看到了人所受到的限制，举起人文主义的旗帜与技术派争论在图书馆的发展中技术与人的地位究竟谁是本末。总的看来，技术主义指引下的图书馆技术派为了解决实际问题不惜放弃属于个体的权利与精神自由，而人文主义指引下的图书馆人文派则为了保障人的权利与精神自由宁愿放弃技术理性的最优化策略。例如，图书馆为了解决占座问题，引进了座位信息管理系统，这本质上就是图书馆技术派的主张，认为通过技术手段能够解决占座问题。在解决占座问题的同时，出现了明显的反对声音，认为座位信息管理系统有损图书馆的人文精神，侵犯了个人的选择权利与精神上的自由，读者成了任机器摆布的棋子。图书馆人文派并不认为技术手段能够从根源上解决图书馆的占座问题，技术仅仅是一种手段，永远不是目的，只要读者形成了良好素质，就完全不需要类似座位管理系统的技术。如何解决人的问题以及与人相对应的馆藏资源问题，永远是图书馆发展的核心问题，技术从来都不是图书馆发展的核心问题。

2.3.3 图书馆及馆员的未来之争

与技术主义和人文主义相对应，图书馆的发展过程中形成了两大阵营，那就是技术至上的技术派和以人为本的人文派。在这两股力量的影响下，图书馆发生着变化，也可以认为是这两种养料，让图书馆不断地生长。图书馆的变化从定义开始，为此，图书馆学界，在二十世纪初展开了一场关于图书馆定义的大讨论。从相关的定义中我们不难发现，图书馆的定义不再仅仅包含人文方面的内涵，而是加入了技术的概念，可以看出，图书馆的定义将围绕着"人文"与"技术"两个中心展开，并且因为这两个中心的改变而发生改变。与此同时，图书馆的定义发展又决定着图书馆自身的发展方向。随着技术在图书馆定义中的分量越来越重，各种基于新技术的图书馆形态层出不穷，如数字图书馆、泛在图书馆以及移动图书馆等。随着图书馆定义中技术的削弱，图书馆的人文价值又彰显了出来，图书馆有别于巨型数据库的根本点还在于图书馆的人文关怀与人文价值，图书馆除了是获取资料的地方，更是人们的精神家园与归属，在人文为主的图书馆定义下，又催生了类似篱笆图书馆等远离技术，世外桃源式的图书馆，依然受到了人们的喜爱，这一种原始的回归，又体现出图书馆自身不可取代的人文价值。最后为了适应图书馆的发展需要，馆员的选拔与素质的要求也就有了定论，到底是需要理科素养的馆员，还是文科素养的馆员，馆员的未来也就被决定了。这两股力量决定着图书馆的发展以及所属成员的职业规划。于是就出现了关于图书馆定义的争论、关于图书馆发展方向的争论以及关于图书馆馆员核心素养的争论。不同的派别落在馆员身上，就决定了馆员未来的职业发展取向，是倾向于文科或者理科，是需要技术型的资料获取，还是需要学术方面的成就。馆员的未来决定着图书馆的未来，究竟以何种方式发展图书馆以及如何定义图书馆成了两派的争论焦点。可以看到，所有的争论最终都落脚于同一点上，即：图书馆的未来。

第三节 两种观点的碰撞与融合

图书馆技术派与人文派的争论最终指向图书馆的发展，因此两派的融合点就在于图书馆的发展之上。当今时代，图书馆的发展已经离不开技术的影响，同时也不能丧失人文关怀，技术与人文少了任何一方，都将会影响图书馆的发展，甚至存亡。因此，在如何更好地发展图书馆以及图书馆的存亡这个问题上，技术派和人文派是可以达成和解的。正如哲学家海德格尔所言，救赎就在最危险的地方。争论到最后落脚到图书馆的生存之争——技术派过于强硬，图书馆最后消失于网络之中？人文派过于强势，图书馆消失于时代的进步之外？所以在图书馆的未来与生存这个层面上，就自然出现了两种观点的融合点。因为无论哪一派争论得胜，都不可能去接受图书馆消失这个现实。下面将从图书馆学学科的范式流变以及学科发展的自身需要，来探讨两派之争的和解之道。

3.1 从态度分歧到范式流变

图书馆学是研究图书馆活动规律的学说，必然会随着图书馆的发展而不断发展变化。对图书馆这个生长着的有机体进行研究的图书馆学，本身也是一个生长着的机体，体现在学科自身上，就是图书馆学学科本身也存在着研究范式的流变。范式流变是科学技术哲学家库恩在其著作中提出来的，他从社会学的角度，历史地研究了学科的流变，认为学科也是有生命力的并且发展的，在不同的范式下，最大的差别不在于对错，而在于不可通约性。在探讨图书馆学学科范式流变之前，有必要介绍一下"范式"与"不可通约性"的含义。

3.1.1 图书馆学的范式及不可通约性

"范式"一词是美国科学史家库恩（Kuhn T）提出来的，英文为 Paradigm，是指"在某一段时间内，对于科学共同体而言，用于研究所要解决的问题及解答问题的范例。"[17]关于图书馆学科研究范式流变的研究在图书馆理论界一直存在。学者们将"范式"这个原本属于科学技术哲学学科的概念引进到图书馆学中，主要是为了与传统图书馆学的理论作区分，强调新媒体环境下图书馆发展出现的新变化、形成的新格局。通过图书馆学的范式研究，发现图书馆学作为一门学科，与其他学科一样，也存在着自身特有的概念体系和研究范式,有属于这门学科的共同的基本假设、基本原理、学术语言和基本概念,以上都是相对比较稳定的,也可以说是一门学科之为一门学科的基础。在这个共同体基础之上,图书馆学科存在着不同的研究范式,具体而言就是在某一段时空内,不同的研究热点、不同的学派、不同的命题、不同的思潮甚至研究文化上的差异。库恩认为,学科研究范式在构建之初,由于形成了固定的研究方式,也积累了一批专业人才,大大提高了学科的研究效率,能够很好地促进学科的发展,但是一旦形成一种固定的研究风格,又会对学科创新造成阻碍,从长远来看,甚至会影响一门学科的发展。图书馆的范式转变是说"随着各种新型网络与信息技术的发展,从图书馆的定义到研究方法出现的转变。原有的一些被图书馆学认同的准则、方法以及概念体系受到冲击,呈现出被一套新的研究准则、方法、概念体系逐渐取代的趋势。"[18]1994年新加坡政府编辑出版了一份图书馆未来发展的文件《2000年的图书馆》(Library 2000),谈到了图书馆学理论范式转变的七个理论点:

(1)从图书的保管者(custodian of books)到服务本位的信息提供者(service - oriented information provider);

(2)从单一媒体(one medium)到多媒体(multiple media);

(3)从本馆收藏(own collection)到无边界图书馆(library without walls);

(4)从我们到图书馆去(we go to the library)变为图书馆到我们中(the library comes to us);

(5)从按时提供(in good time)到及时提供(just in time);

(6)从馆内处理(in sourcing)到外包处理(out - sourcing);

(7)从区域服务(local reach)到国际服务(global reach);[19]

在这个七个图书馆学范式转型的理论点基础之上,图书馆发展逐渐由传统图书馆转型为数字图书馆,而得以完成这一转型的关键便在于新技术的产生以及应用。在转型的过程之中,图书馆人文派与技术派的争论也就拉开了序幕,可以说,两派之争的背后是图书馆学理论范式之争以及图书馆的转型之争,不同的范式之间虽然存在一定的继承性,但是两种不同的研究范式具有不可通约性,这又让这场争辩成为无意义之争。

图书馆学作为一门学科,随着以网络信息技术为主的新技术的应用,自身的研究范式经历了两个重要阶段,分别是传统图书馆与数字图书馆,现在正处于第三个阶段,即探讨新研究范式的阶段,有的学者认为从技术发展的角度上来阐释新的研究范式是信息哲学;也有学者从读者的角度上来阐释,认为新的研究范式应该更加注重读者本位;也有学者抛开技术与人文,主张新的研究范式应该从具体的发展问题上入手,提倡问题范式研究。

"不可通约性"一词英文为 Incommensurability,是指"两种研究范式之间在研究方法和研究概念上的互不相容,而且两种范式彼此在价值上不存在统一的度量衡与评价指标。"[20]库恩认为:"从科学革命中实现出来的常规科学传统,与先前的传统不仅逻辑上互不相容,而且经常在实际上是不可通约的。"[21]从图书馆的发展来看,自从新技术被源源不断地引入图书馆,可以说在图书馆掀起了一场科技革命,这就必然催生了新的学科研究范式,这些新兴的研究范式在逻辑上往往与传统的研究范式互不相容,由于这样激烈的冲突,导致了图书馆发展上的不同观念形成,技术派与人文派的不可通约性便产生了,技术派与人文派对应着两种不同的研究范式。简而言之,就是人文派在技术中看重的是人文关怀,而技术派则在人文中看重技术的时效性,这也可以用价值论与实用论来加以解释,即实在论范式和价值论范式。技术派和人文派的一个沟通点在于两派可能在问题范式、或者危机范式上达成和解。

3.1.2 图书馆学范式流变下的争论与误会

可以从整个学科的宏观范式上来分析人文派与技术派的争论焦点,进而寻找解决争论点的途径。在图书馆学科范式的第一阶段,技术派并没有出现,整个图书馆学很和谐。第二阶段,技术派逐渐出现,从另一个全新的范式意义上诠释了图书馆学的理论定位,逐渐开始以技术治馆,在这个时候两种理念开始分歧,究其原因是范式脱节过程中的无法对话。第三阶段,两种范式之间的隔膜越来越大,沟通越来越困难,但是争论的焦点却局限在不可通约性上,犹如陷入泥潭。从宏观的角度上来看,两种理念的根本目的都是为了发展图书馆,而在这两种理念下,又会出现两种截然不同的图书馆形态,如数字图书馆以及远离尘嚣的篱笆图书馆。两派之争的焦点不应该局限在谁对谁错之上,而是应该取自己所长,弥补对方所短,思考如何将两种完全不同的图书馆理念共同用来发展图书馆,形成一种技术中包含着人文,人文中不乏技术的图书馆形态,本着发展图书馆这个共同目的友好合作,共同促进。

范式的转换可以参考问题研究范式等的转变,通过研究范式的理解与转变,求同存异,共同促进图书馆的发展。可以说两派之争,是图书馆学本身研究范式流变带来的一场误会。技术派的研究点很新,而人文派的比较传统。从整个学科意义上而言,两者处于不同的时间与层面,各有各的价值与意义。科学哲学家波普尔说范式流变之间既然有不可通约性,两派的隔阂便来自于这个不可通约性，这也是时代发展的产物。在这种不可通约性下，不存在谁对谁错，也不存在谁更有价值，关键的地方在于达成和解，互相借鉴，尽可能地互相弥补不足，如果说人文如水滋养人的灵魂，那技术就如火，让图书馆的发展轰轰烈烈，到底是水好还是火好，这样的命题本身就不科学，更合理的方式应该是各司其位、互补促进。

3.2 从派别之争到审度发展

看清楚了两派之争其实是对技术一词的不同理解以及图书馆学自身范式发展过程中出现的不可通约性，那就应该跳出误解与不可通约性的泥潭，基于图书馆的未来，以发展中出现的实际问题为导向，寻求新的研究范式，开展沟通与对话，促进图书馆的正常发展，不走图书馆灭亡和原生态复古图书馆的极端，找到一种全新的图书馆复兴方式，这既是对图书馆传统人文关怀的复兴，也是对图书馆新技术应用的改进，共同形成一种既充满人文关怀也充满先进技术的图书馆。本文认为，两派之争的和解，可以从以下三个方面着手。

第一个方面是从文化上达成理解。两派之争实际上两种文化的不理解。创建科学文化与人文文化的交流平台，开展广泛的对话，充分理解科学技术的内涵。科学文化讲求实用；人文文化强调人的发展。图书馆在发展过程中，应该在需要技术的地方，思考人文关怀，在充满人文关怀的地方，尝试应用技术更好地为读者服务。在解决图书馆发展问题的过程中，除了追求真，还需要善和美。借鉴科学的人文主义与借鉴人文的科学主义，这是两场复兴，更是图书馆未来复兴与发展的新趋势，可以说争论之下是图书馆的新发展与新未来，逐渐实现科学文化与人文文化的融合与整合。

第二个方面是技术主义与人文主义的融合与整合。两种主义之争的和解关键在于研究范式的和洽。人文派与技术派除了将研究的焦点聚集在各自所擅长的领域之外，还应该从学科共同体的层面上，共同探讨图书馆学的研究范式，探讨实用论研究范式与价值论研究范式的整合，通过交流形成一种更加全面的图书馆学研究范式，以问题为导向，思考如何让技术充满人文，让人文中包含着技术，用以促进两派之间的和解，形成图书馆转型发展的全新动力。无论是科学主义还是人文主义，最终的目标都是为了图书馆能够更好地发展。因此，讨论图书馆的生存转型，必然成为两派交流与融合的重要渠道。只要在这个领域达成了共识，两派就有和解渠道，也才能够更好地促进图书馆的长足发展。

第三，从馆员自身及图书馆的发展来看，随着技术的推动，图书馆的转型势在必行，但是技术并不能够完全决定图书馆的未来，能够把握住图书馆未来的永远都只是人。如何在促进图书馆技术发展的同时，把握住图书馆之所为图书馆的价值点越来越重要。图书馆的转型使得除了图书馆学专业人才入驻图书馆，学科服务让更多具有其他学科背景的人才加入到图书馆未来发展的队伍中来，图书馆的发展随着馆员学科背景的多元化，所提供的服务也日益多元化，不同学科背景的图书馆员不应该局限于技术与人文两个派别的争论，而应该充分发挥自身的学科背景，为图书馆创造更多的特色服务。图书馆除了具备更加优质的信息资源整合与传送能力，还应该提升自身的人文内涵，从社会学的角度出发，营造图书馆作为文化中心的核心意义，让图书馆对于整个社会更加彰显人文关怀。

参考文献

［1］［法］卢梭著，高煜译. 论人类不平等的起源和基础［M］. 广西师范大学出版社，2002.

［2］［美］刘易斯·芒福德. 机械神话［M］. 台北：黎明文化实业股份有限公司，1972.

［3］［英］阿道司·赫胥黎. 美丽新世界［M］. 王波译，重庆：重庆出版社，2005.

［4］Jacques Ellul. The Technological Society［M］. Alfred A, knopf, 1964.

［5］Lancaster F W. Libraries and librarians in an age of electronics［M］. Arlington：Information Resource Press，1982.

［6］初景利，杨志刚：物竞天择适者生存——图书馆新消亡论论辩［J］. 图书情报工作 2012（6）：5-6.

［7］王伯鲁. 技术起源问题探幽［J］. 北京理工大学学报（社会科学版），2000（3）：44-47.

［8］王伯鲁. 广义技术视野中的技术困境问题探析［J］. 科学技术与辩证法. 2007（1）：68-69.

［9］［美］卡尔·米切姆著，殷登祥等译. 技术哲学概论［M］. 天津科学技术出版社，1999.

［10］王伯鲁. 技术究竟是什么？——广义技术世界的理论阐释［M］. 科学出版社，2005年.

［11］［美］卡尔·米切姆著，殷登祥等译：《技术哲学概论》［M］. 天津科学技术出版社，1999.

［12］［美］丹尼尔·贝尔著，王宏周等译. 后工业社会的来临：对社会预测的一项探索［M］. 北京：新华出版社，1997.

[13]　[美]阿尔文·托夫勒著,黄明坚译. 第三次浪潮[M]. 北京:中信出版社,2006.
[14]　[美]林文刚编,何道宽译:《媒介环境学》[M]. 北京大学出版社,2007.
[15]　李醒民. 科学文化与人文文化的融汇与整合[J]. 自然辩证法通讯,2012(3):3.
[16]　李醒民. 科学文化与人文文化的融汇与整合[J]. 自然辩证法通讯,2012(3):1.
[17]　蔡艳艳. 关于我国图书馆学学科研究范式转换的思考[J]. 图书馆建设,2009(2):1.
[18]　吴兆兰. 图书馆的范式转变及图书馆员的角色定位[J]. 图书与情报,2006(2):26.
[19]　陶莉华. 浅议图书馆范式演变中的几个问题[J]. 科技创新导报,2009(18):210.
[20]　梅春英. 试论库恩的不可通约性[J]. 温州大学学报(自然科学版),2008(6):49.
[21]　库恩. 科学革命的结构[M]. 李宝恒,纪树立译. 上海:上海科学技术出版社,1980.

第三章　新技术对图书馆的影响

新技术对图书馆事业的影响是深远的，甚至可能带来翻天覆地的巨变。伴随着互联网技术、信息检索技术、移动互联网、云计算、大数据、数字出版和按需印刷等技术的快速发展，图书馆事业正在被深刻地改变，从资源建设、服务内容到组织结构都正在发生着变化，图书馆用户和图书馆员本身在这种变化中也各有不同的表现。图书馆事业或许到了重生的时机。

第一节　不断拥抱新技术的图书馆行业

1.1　互联网重塑了图书馆

互联网的崛起，其本质是一场信息革命。互联网普及之后，人类所创造的信息、知识的形态以及人们获取知识的方式发生了巨大变化。互联网使信息突破了时间和空间的限制，信息的收藏、整理、传播、使用不再受地域和传统载体的限制，通过互联网，信息可以被异地、共时、随机、大规模分享与传播。如果说，过去的信息交流模式中，图书馆以拥有大量人类文明智慧结晶、实现了知识传承而处于中心地位，那而今互联网正在取代图书馆，成为信息储存管理和使用的中心，可以说以 Google 为首的搜索引擎极大地冲击了图书馆的价值观和使命感，很多人担心会不会变成艾柯所预言的那样，图书馆"变成博物馆，保存着印刷时代的遗产，供人参观"？我们认为，互联网技术在摧毁传统图书馆的同时又重新塑造了图书馆的功能和价值，短时间内图书馆不会消失，图书馆行业也正以其敏锐的技术敏感度进行自我调整，在本书第一章中我们已经讨论过技术进步推动了图书馆的发展，社会信息、知识的收集、存储、处理和传递利用都在技术的推动下得到了发展。在互联网技术的塑造下，传统图书馆已转型为数字图书馆。

关于数字图书馆的发展，张晓林认为数字图书馆经过三代发展，从基于资源过渡到基于集成信息服务、再走向基于用户的新形态。第一代数字图书馆主要在特定文献资源数字化的基础上建立数字信息资源系统，它们往往作为独立系统，嵌入到传统图书馆系统或上层机构信息系统中，将跨时空检索和传递特定数字化资源作为其主要任务，称为基于数字化资源的数字图书馆。第二代数字图书馆致力于支持分布的数字信息系统间的互操作，支持这些系统间无缝交换和共享信息资源与服务，并由此构造一个逻辑的集成信息服务机制，形成基于集成信息服务的数字图书馆。这一代数字图书馆不再以文献数字化为核心，而主要是面向分布和多样化数字信息资源，通过服务集成构造统一的信息服务系统，将形成新系统形态和组织形态，是目前数字图书馆技术应用开发的主要趋势。第三代数字图书馆将摆脱传统图书馆（甚至传统数字图书馆）单纯基于信息资源的服务形态和将信息系统与用户信息利用过程相对隔绝的局限，围绕用户信息活动和用户信息系统来组织、集成、嵌入数字信息资源和信息服务，直接将数字信息服务体系与用户的管理信息系统、工作流管理系统、计算机辅助协作系统、知识管理系统、数字学习系统或虚拟实验系统等无缝链接。

互联网重塑图书馆的过程远未结束。美国雪城大学（Syracuse University）的 Scott Nicholson 教授曾指出，图书馆界过去五年的变化超过了前面一百年的变化，而未来五年的变化将使过去五年的变化微不足道。在上述的数字图书馆三代范式中，当下正处在第二阶段，现在的数字图书馆模式，仍然基本是传统图书馆模式的延伸，是传统服务价值和服务市场的简单能力提升和服务扩展，仍然依赖传统的文献类信息产品而不是依赖信息内容来提供服务。现在的数字图书馆形态只是信息服务长河中的一个短暂阶段。美国 KPCB 风险投资公司的著名互联网分析师玛丽·米克尔（Mary Meeker）素有"互联网女皇"之称，她每年发布的《互联网趋势报告》都被认为是互联网行业发展的风向标。她在 2013 年 5 月发布了最新的报告。在报告中，玛丽·米克尔指出：

（1）互联网增势强劲依旧。在新兴市场的驱动下，互联网用户增长势头依旧强劲，年复合增长率达 8%。目前全球网民总数达 24 亿，同比增加 8%，增长主要来自伊朗、印度尼西亚等新兴市场。中国的互联网人口排名第一，达 5.64 亿，但渗透率只有 42%，还有很大的增长空间。

（2）移动互联网增长迅猛。移动互联网用户也已达到 15 亿，比去年增加 4 亿人，增幅约为 30%。移动互联网已占互联网总流量 15%。去年底中国通过移动终端上网的用户占比（75%）已超过 PC（71%）。米克尔预言，移动流量占全球互联网流量的百分比将年增 1.5 倍，甚至会保持加速增长。智能手机操作系统各领风骚。2005 年时，诺基亚塞班约占了 65% 的份额，2012 年只剩下5%左右。反观2005年时，iOS、Android、Windows Phone只占5%的份额，到了2012年，这三大平台占了85%以上份额。

（3）智能手机和平板电脑生态圈尚且年轻，可穿戴设备、驾驶、飞行、扫描等新设备已崭露头角。新科技产品的出货量和用户数往往是上一代主流科技产品的10倍。可穿戴设备的特点是解放双手、永远运行、感知环境、全网连接、引人注意以及有开发平台支持。下一代计算设备的另一个特点是可扫描。通过摄像头/传感器扫描代码/标记来降低设备/平台/应用/服务的访问门槛。

（4）数字化内容暴涨，日趋共享化、标签化、可搜索，可视化网页迅速崛起。目前网民平均每天分享照片的总数超过5亿张，预计一年内该数据将翻一番。引领这一增长趋势的主要是snapchat，facebook和instagram紧随其后。snapchat过去两个月内用户数量增加了一倍，该公司"阅后即焚"的商业模式非常有趣。米克尔表示："这是一种具有革命性的模式。"来自移动设备的媒体、数据上传和分享增长迅猛，但仍处于发展初期。

（5）伴随着移动新势力的崛起，传统产业如邮政服务、金融服务、教育行业、医疗行业……都在被重塑，基本商业规程、研发和学习工具、计算机操作系统、重资产的产品与服务都在被重新构想。

如果互联网遵循玛丽·米克尔的预测向前发展，伴随着互联网技术的发展，图书馆的重塑之路依然漫长。

1.2 馆藏目录系统、资源发现系统与下一代图书馆系统

20世纪90年代初，图书馆界开始广泛应用自动化集成管理系统，图书馆的采访、编目、流通和阅览等工作都需要基于自动化集成管理系统来开展。同时，集成系统提供联机公共目录的检索，供用户发现馆藏。统计显示，馆藏目录系统目前仍是读者利用图书馆馆藏的第一门户。

随着数字图书馆建设的发展，各类电子书刊和数据库层出不穷，电子资源的类型和数量在图书馆资源中所占比例不断增加。用户对电子资源的需求和依赖程度一直在提升。用户除了对传统的图书资源有检索需求外，对光盘、视频资料、多媒体资料、计算机文件等非图书资源的检索需求也较高。用户期望从一次检索行为中得到所需的广泛信息。因此，用户期待通过馆藏目录统一的检索平台，不仅可以获取本馆馆藏书目记录，还可以获得本馆购买的电子资源、自建资源、光盘、多媒体资源并指向全文和链接，更能直接扩展链接到联合目录、搜索引擎、网上书店等其它外部网络资源。近年来，图书

馆界一直在寻求一种数字资源的整合之道，为用户提供一个实现各类学术资源发现与获取的一站式解决方案，以提升用户利用资源的有效性与友好性。

有的图书馆基于馆藏目录对资源进行整合，全面、快捷地检索到图书馆各种文献载体的书目、全文以及外部信息资源。部分图书馆实现了在馆藏目录中整合超星电子图书、方正电子图书馆、Netlibrary电子图书、中国期刊网、学位论文、EBSCO、Springer外文电子期刊等数据库，实现了馆藏目录到相应电子书刊的全文链接。而另一些图书馆再次将需求传递给计算机软件行业，期待通过新技术来实现这一目标，图书馆资源发现系统应运而生。

资源发现系统是对海量的来自异构资源的元数据和部分对象数据通过抽取、映射、收割、导入等手段进行预收集，并通过归并映射到一个标准的表达式进行预聚合，形成统一的元数据索引，通过单一但功能强大的搜索引擎向终端用户提供基于本地分布或者远程中心平台的统一检索和服务的系统。资源发现系统将图书馆的所有资源和馆外学术资源纳入了统一的架构和单一的索引体系，这种统一的索引结构决定了它在检索速度、易用性、相关度排序、个性化设定的灵活度、资源获取的完整性以及系统的稳定性方面超越了所有以往的统一检索产品。

资源发现服务系统自2008年面世后，发展很快。国外已经有大量的资源发现系统面世，如Innovative Interfaces公司的Encore（包括Encore Synergy）、Ex Libris公司的Primo（包括Primo Central）、EBSCO公司的EBSCO Discovery Service（简称EDS）、Serials Solutions公司的Summon、OCLC的WorldCat Local（简称为WCL）以及SirsiDynix公司的Enterprise等。目前，国内大型学术图书馆根据自我的需要选用了不同厂商的资源发现系统，如北京大学、西安交通大学、浙江大学图书馆等引进的是Summon资源发现系统，上海交通大学、清华大学图书馆等引进的是Primo资源发现系统。但整体而言，推出资源发现系统的图书馆尚属少数，究其原因是该系统价格昂贵、资源覆盖不足（尤其对中文资源）、自有数据收割困难等。这些不足可能导致资源发现系统只是过渡平台，而下一代图书馆服务系统又进入了业界的视野。

姜爱蓉认为，下一代图书馆系统的方向，包括重新定义图书馆目录、更加综合的信息发现环境、更好的信息传递工具、更强大的搜索能力以及更加精致的结果呈现。下一代图书馆系统被期许能高效地同时处理纸本馆藏和数字馆藏，为用户提供更多功能，提供更多接口以便与其他系统相互集成。下一代图书馆系统将充分利用最新计算技术和架构的优点，尤其是云计算技术。

1.3 数字出版技术与图书馆的未来

数字出版是指从编辑加工、制作生产到发行传播过程中的所有信息都以二进制代码形式存储于光、磁、电等介质中，并且必须借助计算机或类似设备来使用和传递信息的出版。在信息交流模式中，出版业位于图书馆业的上游，在很大程度上决定着图书馆资源建设的内容。近几年，数字出版业获得了蓬勃发展。来自新闻出版总署的数据显示，2009 年我国数字出版产业总体经济规模达到 799.4 亿元，首次超过传统图书出版，同比增长 50.6%，继续保持高增长速度，其中手机出版达到 314 亿元，数字期刊收入 6 亿元，电子书收入 14 亿元。2013 年北京国际图书博览会上，英国出版科技集团首席执行官乔治·路易斯也指出，"数字出版产业已经进入高速发展期，没人能够预估未来。"

回顾数字出版的发展历程，数字出版已经从传统的"纸书/刊搬家"模式发展为内容供应、运营平台、通路渠道以及与相关服务配套的一个辐射式产业链。在"纸书/刊搬家"阶段，传统出版单位或数据库商通过扫描等数字化手段将纸书内容转换到数字平台或终端上提供服务。因此，图书馆馆藏结构由原有的单一纸质文献的馆藏结构发展为纸质文献与数字文献并重，国内外的许多图书馆用于购买电子资源的建设经费已超过购买纸质文献的。随着数字出版以及网络技术的发展，电子图书已经越来越占据着图书馆馆藏图书的重要比例，并有渐渐取代原有的印刷文本文献主导地位的趋势。2011 年美国图书馆电子书普及程度与使用调查结果显示，电子书的需求与采购在公共图书馆方面有极大的成长，电子书成长比例达 184%，学术图书馆的电子书成长比例虽只有 93%，但数量也相当的惊人。2006 年至 2010 年间，我国电子书读者人数增加了近 3 倍，超过 1.2 亿人。在北京国际图书博览会（BIBF）"2012 数字出版与文化传播国际学术论坛"上，一份持续进行四年的有关首都大学生阅读现状的调查报告显示，选择数字化阅读的学生人数从 2009 年的 58% 提升到 2012 年的 88%。

除通过 PC 终端阅读之外，便携式电子书/电纸书阅读器是浏览电子图书的主要工具。电子书/电纸书阅读器通常采用 LCD 或电子纸为显示屏幕，可以阅读网上绝大部分格式的文本。电子书阅读器在 20 世纪 90 年代开始产生，2007 年亚马逊推出电子书阅读器 Kindle，掀起了全球电子书阅读热潮。Kindle 并不仅是一个阅读终端，亚马逊更利用 Kindle 改变了图书出版的流程，使电子书产业有了新的商业模式。在中国主要的电子书产品有汉王电纸书、盛大

Bambook 电子书等。国内已经有很多家图书馆购买电子书阅读器并提供服务，如上海图书馆、北京大学图书馆等，我们相信未来会有更多地图书馆加入到提供电子书阅读器的服务中来。

在数字出版领域，更为值得关注的是自出版模式的出现。随着 iPAD, Kindle 等手持阅读终端的流行，越来越多的作家、出版商和电子图书平台开始关注"自出版"。据《纽约时报》报道，2011 年亚马逊（Amazon）开始和作者直接签约，准备向作者开放部分后台的数据。通过这一服务，任何作者都可以向亚马逊提交图书，由 Kindle 平台直接向消费者出售这些图书。提交图书的价格由作者自己决定，亚马逊则根据不同的价格区间收取相应的版税。在自出版出现以前，出版产业的链条是作者——出版经纪人——出版社——书店/图书馆——读者，作者与亚马逊直接签约之后，产业链条缩短为作者——亚马逊（运营商）——读者，中间环节的省略大大削减了出版成本，是一种新的信息交流模式。最新的统计数字显示，在 Kindle 上排行前 100 名的畅销书中，有 28 种是作家"自出版"书，排名前 50 名的图书中，有 11 种出自这种出版模式。"自出版"模式的出现与发展打破了传统出版模式一统天下的局面，而当作为信息交流环节中的上游产业模式发生改变，作为下游的图书馆行业该如何应对，这是摆在所有图书馆人面前的一道题目。

1.4　开放获取技术与图书馆出版

传统的学术传播体系是由学者、出版社、中间商、信息服务机构、图书馆和读者构成的。图书馆作为学术传播体系的重要环节，主要注重于文献的收藏，图书馆员在传统服务中更多的是扮演文献"保管员"的角色。但是，数字信息环境正急剧地改变这一切。新的学术交流和出版模式正快速发展着。开放获取技术就是其中的主要推动力。

根据《布达佩斯开放获取计划》（Budapest Open Access Initiative, BOAI）对开放获取（Open Access, OA）的定义，开放获取是指通过公共网络可以免费获取所需要的文献，允许任何用户阅读、下载、复制、传递、打印、检索以及获取在线全文信息，允许对论文全文进行链接、建立索引，用作软件的输入数据或其它合法用途，而不受经济、法律和技术方面的限制。唯一的限制是应使作者有权控制其作品的完整性，及作品被正确接受和引用。

开放获取从 20 世纪 90 年代末在国际学术界、出版界和图书情报界开始兴起，由于在出版成本的经济性、信息传播的时效性、获取使用的便捷性、成果扩展的广泛性等方面具有很大的优势，所以近几年得到了快速的发展。

国内外图书馆界对开放获取已经做出了积极响应，积极建立机构资源库和学科资源库，整理与揭示开放获取期刊。

此外，图书馆还有可能通过开展出版服务支持开放获取运动。在美国许多大学图书馆都采取了积极行动，通过开展出版服务来改善学术交流环境。密歇根大学图书馆成立了"学术出版处"（Scholarly Publishing Office），负责对本校教师学术成果的电子出版和传播，支持在联机环境下以传统方式出版期刊和专著，也出版那些只以电子传递形式出版的学术著作。2011 年对美国研究图书馆协会机构成员 Oberlin Group 和 University Libraries Group 进行的一项调查结果显示，大约 50% 的受访者已经或者正在开发图书馆出版服务。

1.5　大规模开放在线教育浪潮中的图书馆

在玛丽·米克尔（Mary Meeker）发布的《互联网趋势报告》中，她号召人们重新思考教育这一传统行业，在过去一年中以及未来一段时间，在线教育将获得快速增长。在美国，高校的在线注册率已经从 2002 年的不足 10% 提高到 2011 年的 30+%，学术领袖对在线教育的态度发生逆转，认为在线教育等同或优于面对面教学的比例已达 77%。正如美国基金会教育政策项目主任 Kevin Carey 在《Into the Future With MOOC'S》中所言，"未来将会有更多的 MOOC 学习者出现，必须客观看待它的发展。无论 MOOC 面临着什么样的挑战和困难，它都使得未来的在线教育模式越来越清晰。"2012 年，被《纽约时报》称为"MOOC 元年"。2013 席卷全球的 MOOC 热潮在国内持续升温，强大的影响从高等教育蔓延到基础教育。

图书馆在 MOOC 浪潮中可以发挥什么作用，我们需要退回到 MOOC 的肇始之处观察。2002 年美国麻省理工学院（MIT）实施开放式课件项目，在项目进行过程中图书馆承担了重要的技术支持工作，专门成立了元数据部门，负责解决元数据方面的技术难题，为开放式课件项目制定元数据方案和标准等。MIT 宣布在 2012 年启动在线学习创新计划——MITx，就是基于开放课件项目 10 年成功发展的经验，之后 MIT 又与 Harvard 一起推出了 edX 平台，edX 平台目前成为全球最著名的三大 MOOC 平台之一，另外两个平台是 Coursera 和 Udacity。2013 年 5 月 21 日，清华大学、北京大学同时宣布加入 edX，课程也将面向全球开放。据了解，清华大学首批将选择 4 门课程上线，面向全球免费开放，并将以此为契机，开发 30 门新一代在线课程。而北京大学第一批网络开放课程也将于今年 9 月上线，并将于 5 年内建设 100 门网络开放课程。除加入全球平台之外，清华大学还在开发自己的在线教育平台——学堂在线。

支持学生学习是大学图书馆的核心任务,因此不管是在校园里还是互联网上,图书馆可能不是 MOOC 的主导者,但可以是积极的参与者。秦鸿认为,图书馆在 MOOC 中可以担任版权顾问,信息素养培训师,学习场所提供者,多媒体制作指导师。

1.6 信息素质教育中引入游戏化学习

信息素质是个体知道何时需要信息,并能够有效地获取、评价和利用所需要信息的综合能力。如今,信息素质教育是高校素质教育的重要组成部分。高校图书馆既是高校的信息资源中心,又有长期开展用户教育的基础,所以无论国内还是国外,高校通常依托高校图书馆来开展信息素质教育。武汉大学信息管理学院对国内外高校图书馆开展在线信息素质教育的情况做了调研,对我国"211 工程"百所高校图书馆所做的调研显示:在 107 所"211 工程"高校图书馆中,有 69 所高校开展了在线信息素质教育活动,约占总数的 64.5%;对美国前 20 所大学图书馆的调查显示:20 所大学图书馆中,有 14 所大学图书馆开展了在线信息素质教育,占总数的 70%。

早在 2003 年,Pew Internet & American Life Project 就曾对 27 所大学 1162 位学生使用电脑游戏(包括 video game、computer game 以及 online game)进行了调查研究,研究显示 70%的大学生偶尔会玩游戏。2013 年初,美国新媒体联盟(New Media Consortium,简称 NMC)发布了《2013 年地平线报告》,该报告是反映国际教育信息化发展趋势的风向标。《2013 地平线报告(高等教育版)》显示,今后 2 到 3 年内,"游戏和游戏化"将成为在高等教育中得到广泛应用的一项新技术。

游戏具有引发学习动机与兴趣、增强记忆、促进思考等功用,在教育与教学上早已有很多研究和应用。所谓"游戏化"就是将游戏的基本元素与教学活动相结合。在游戏化的课程中,学生能够通过体验有一定难度的挑战性学习来积累成功点数或者其他奖励,并最终在游戏中掌握知识、提升能力。

新信息技术的飞速发展为我们改进信息素质教育的方式提供了必备的基础,而已取得的有关大学生信息素质教育研究的成果为信息素质培养模式向纵深发展奠定了良好的基础。目前图书馆界有很多学者或机构正在倡导推广图书馆界的游戏开发与应用。比如美国图书馆协会的"Game On @ The Library"运动及其组织的"游戏、学习与图书馆学术会议"(Gaming, Learning, and Libraries Symposium),雪城大学(Syracuse University)的 Scott Nicholson 博士的图书馆游戏实验室、伊利诺大学香槟分校毕业的 Jenny Levine 以及撰写

《图书馆中的游戏者》专著的 Eli Neiburger 都是图书馆游戏的倡导者。卡耐基梅隆大学图书馆的 I'll get it 和 Within Range，北卡罗来纳大学的棋类在线问答游戏，密歇根大学的 Defense of Hidgeon 等等，把数据库检索、馆藏书目查询、图书排架方法等嵌入游戏流程之中。

我国台湾地区的台湾大学图书馆于 2010 年底完成《探索游乐园》，并将其作为 2011 年新生的图书馆利用指导活动项目之一，利用在线游戏来进行图书馆利用教育，透过寓教于乐的方式吸引学生的学习兴趣。

国内图书馆界对于图书馆游戏起步较晚，清华大学图书馆初步进行了一些尝试。2011 年 11 月，清华大学图书馆推出了一款 Flash 小游戏——"排架也疯狂"。"排架也疯狂"将学生在书架上找书时常常遇到的"疑难杂症"，通过年轻学生喜闻乐见的形式呈现出来，帮助学生掌握图书馆的馆藏分布和索书号的排列原则等基础信息素质知识。游戏一经推出受到了年轻学生的热烈关注，并在社交网络上积极分享。2013 年 5 月，清华大学图书馆再次推出了《书之秘语》网络游戏试玩版，这是一款原创设计的剧情类网络游戏，在图书馆空间引导、图书馆知识传授以及文明行为宣导方面对清华大学学生进行探索。游戏在 2013 年 5 月 21 日上线后，短短两周之内，获得了 3 000 余人次的玩家访问。问卷调查显示，71% 的玩家对《书之秘语》游戏给出了满意或很满意的整体评价，77% 的玩家对游戏的教育性给出了满意或很满意的评价。

第二节 新技术对图书馆用户的影响

早在 2003 年，*The 2003 OCLC Environmental Scan: Pattern Recognition* 报告就指出"Google 正在架空图书馆"（"Google is disintermediating the library"）。十年后，我们发现这不是预测，而是现实。自从网络出现后，信息用户越来越少利用图书馆；图书馆及其多项资源和服务以及在图书馆工作的信息专家们，在当今的信息用户中的印象已逐渐模糊了；图书馆现在的作用并不像原来那样显著了。

2.1 用户信息行为的改变

新技术的应用不断影响着用户，改变着用户的信息行为。不知不觉间，图书馆发现用户变了：他们不再亲自到图书馆来查询资料，甚至不访问图书馆的主页、不使用图书馆提供的资源发现工具，而是大量使用百度、谷歌等搜索引擎。的确以 Google 为首的搜索引擎以简洁、易用、快速、稳定的网上免费服务，满足了用户在生活、学习、工作、娱乐等方面的信息需求，赢得了用户的忠诚度，动摇了图书馆作为社会信息门户的地位。

据 OCLC 的调查显示，在网络搜索引擎、在线书店以及其他网络服务出现时，用户的信息行为发生了变化，89% 的大学生和研究生在检索信息时首先想到的是搜索引擎，只有 2% 的用户从图书馆的网站上开始检索。用户在没有图书馆工作人员的帮助下就可以使自己的信息需求得到基本的满足。另一份统计报告支持了这一说法，根据 ARL（Association of Research Libraries）对于北美学生的统计显示，在 2000 年到 2006 年的这一段时期，尽管加入该组织的人数增长了 12%，但是参考咨询的人数却降低了 39%，学科咨询人数降低了 6%。OCLC 的另一份调查显示，93% 的被调查用户对其检索行为很满意或比较满意。通过调查表明，84% 的学生认为网络搜索引擎比数字图书馆和物理图书馆更加方便快捷，87% 的被调查者认为网络搜索引擎容易使用，分别有 71% 和 63% 的被调查用户认为网络搜索引擎比图书馆价格便宜、可依赖性强，90% 的被调查者认为从搜索引擎能获得信息满足。

英国图书馆与联合信息系统委员会（JISC）资助的对用户信息行为的研究表明，年轻的研究者们在平时的阅读中有以下特点：表层信息使用，即研究人员一般在学术网站只看一、两页，然后就跳过去了，或许永远也不会再返回。统计显示 60% 的电子期刊用户浏览不会超过 3 页并且绝大多数不会再返回。研究人员在虚拟图书馆中花费大量的时间仅仅是找到他们所需信息的途径，实际上他们找到这些途径所花费的时间与浏览他们找到的信息一样多。电子期刊数据库网络日志的分析表明：浏览全文文章是虚拟用户在网上的主要目标之一，学生的浏览行为更为突出，一般而言，文章被浏览的平均时间不超过 2 分钟，尽管对浏览而言 2 分钟的时间足够了，但不可能有充分的时间阅读。学术网站的大多数访问者只浏览几个页面，大多数不会停下来仔细地阅读，他们避免使用传统的阅读方式在线阅读，在线阅读是基于跳读标题、内容页和文摘的，年轻人浏览网页的速度非常快，不断的点击链接而不是持续地阅读。

2.2 用户信息需求的改变

随着互联网和 Google 等搜索引擎的广泛普及，用户的信息行为与信息期望也随着获取信息渠道的增加、便利性的提高而改变。不论是搜索学术信息还是日常生活信息，便利性已成为用户最重要的考量因素。简而言之，用户的信息需求可以表达为：想到就有、需要就读、读就能懂，用户比以往更注重原文的最快获取。

有学者对新一代科研信息用户的信息需求作了总结：其所要求的"专业"信息服务不再是简单地检索和获取文献，而是帮助他们将知识内容从众多信息对象中挖掘出来，根据其内在特征和价值进行鉴别、关联、重组，帮助他们识别和创造新的知识。具体而言，新一代的研究人员期望图书馆既保留其原有的专业优势，同时要像商业网站一样提供服务。图书馆只需要提供简单检索，不需要特别的检索技巧就能获取比较精确的检索结果，并且对拼写错误等能自动修正，同时还能帮助用户自动缩小检索范围，提高查准率；希望图书馆像 Google Scholar 和 Live Search 等搜索引擎一样拥有简单的检索界面，一站式地获取异构资源，同时又能搜集到像图书馆一样的准确知识；随时随地使用图书馆的专业检索和资源，使图书馆与互联网紧密相连，在浏览网页信息时能与图书馆方便地交互；在线获取所需资源并获得个性化的信息服务；与图书馆进行交互，希望图书馆不仅是获取信息的场所，更是发表评论、注释信息、进行讨论的场所；用户之间互相推荐的机制，鼓励用户对数字资源进行评论和推荐，使用户在不能方便获得图书馆工作人员的建议时，从其他用户那里方便地获得建议。

图书馆已经敏锐地感受到了用户行为和用户需求的改变，并适时进行了调整，比如尝试提供对信息源和信息的快速、无缝访问，形成及时响应的服务模式，为满足用户对便利性的需求，努力通过各种方式为师生提供及时服务，如通过社会媒体、即时通讯工具、短信等方式，或直接嵌入到系、学生社团、办公室、实验室甚至移动设备上。

2.3 Science 2.0 与科研社交网络的发展

Science 2.0 是结合 Web 2.0 和 eScience 两种技术、理念于一体、在网络环境下一种新型的开放式科研模式。Science 2.0 提倡科学人员在实践创作的过程中将实验记录、数据和科研成果放到开放的交流平台上以供交流与共享，任何人都可以搜索、浏览、参考和使用这些资源。

传统的科学论文的发表模式是作者先将论文提交给某专业杂志，然后杂志社再找其他的研究人员来审核这篇论文（如果有同行评审环节），择优刊发。这个模式已经使用了上百年，其弊端日益凸显。于是互联网技术再次站了出来。在科研与高等教育领域，研究人员通过电子邮件、FTP 文件、讨论组、网站等进行信息交流已是正常的甚至是主流的交流途径，而且用户的基本工作空间和工作流程正逐步数字化、社交网络化，形成了科研社交网络。

广义的科研社交网络既包括专用科研社交网络站点、Researcher ID 类的科学家资料库、研究平台、科研协作工具，又包括侧重资源管理的工具与软件如 Mendeley，成果共享类的 Blogs 和 Wikis。

2.3.1 arXiv.org

ArXiv 由量子物理学家 Paul Henry Ginsparg 于 1991 年创建，最初创立于美国洛斯阿拉莫斯国家实验室，自 2001 年开始，转由美国康奈尔大学图书馆运营。至 2013 年 11 月为止，arXiv.org 已收集了超过 89 万篇预印本，并以约每月 5000 篇的速率增加。arXiv 目前已经成为国际物理学、数学、计算机科学、高等数理（非线性科学）、数理生物学、统计学研究领域内一种新型的、重要的、必须的、首选的学术交流渠道。

研究者按照一定的格式将论文进行排版后，通过 E‐mail、FTP 等方式、按学科类别上传至 arXiv 相应的数据库中。收入数据库中的论文可以随时受到同行的评论，论文作者也可以对这种评论进行反驳。论文作者在将论文提交 e‐print arXiv 的同时，也可以将论文提交学术期刊正式发表。论文一旦在某种期刊上发表，在 e‐print arXiv 的该论文记录中将加入正式发表期刊的有关信息。

ArXiv 最初由美国国家科学基金会和美国能源部资助，目前由美国康奈尔大学维护与管理。自 2010 年 1 月，康奈尔大学图书馆开始了历时三年的 arXiv 长期可持续发展模式探索，以促进 arXiv 从完全由康奈尔大学图书馆主管向由多机构合作共管、多团体有效支持的会员管理模式转变。2012 年 8 月 28 日，康奈尔大学图书馆提出的 arXiv 可持续发展模式得到了西蒙斯基金会（Simons Foundation）的资助。根据资助计划，从 2013 年到 2017 年，西蒙斯每年将匹配支持 30 万美元的 arXiv 会员费，同时每年"无条件赠予"康奈尔大学图书馆 5 万美元以支持其对 arXiv 运营管理。西蒙斯基金会的资助，为 arXiv 未来的可持续发展打下了重要的基础，康奈尔大学图书馆将采取新 arXiv 会员和管理模式，确保 arXiv 能够持续不断地继续成长。

为了促进我国科研机构对 arXiv 的充分利用，在与康奈尔大学图书馆商议后，中国科学院国家科学图书馆于 2012 年 8 月发起了成立中国 arXiv 服务工作组（arXiv China Service Group）的倡议。2012 年 9 月 28 日，中国科学院国家科学图书馆、清华大学图书馆、北京大学图书馆、复旦大学图书馆、上海交通大学图书馆、吉林大学图书馆、南京大学图书馆、中国科学院高能物理研究所、中国科学院理论物理研究所、中国科学院数学与系统科学研究院等10家机构的代表在北京召开了工作组成立的预备会议,参加会议的代表赞同中国科学院国家科学图书馆提出的倡议,一致同意成立中国 arXiv 服务工作组。中国 arXiv 服务工作组将努力推动中国科研机构对 arXiv 的充分利用,加强 arXiv 的国内宣传推广,参与 arXiv 的国际支持计划,促进国际范围的专业或领域开放知识库的应用与发展。

2.3.2 Academia. edu

Academia. edu 是一个专门供科研人员使用的学术性社交网站。科研人员可以在 Academia. edu 网站上相互之间免费分享和查看各自最新的科研论文,将研究成果分享给更多的人。

使用 Academia. edu 的学者们可以按领域将自己的研究分成不同的部分,如发表过的论文、草稿、书评、会议报告等。个人档案顶部有个人简历栏,用于显示学者的关键职业成就。

Academia. edu 的目标是让每一份与科学技术有关的 PDF 文件都能在互联网上免费获得,同时建立一个与那些论文配套的科学家网络。Academia. edu 会利用自己特有的分析工具帮助研究人员查看阅读了自己研究论文的人数,并跟踪分析论文阅读者与关注自己的人。到 2013 年 12 月,Academia. edu 已经拥有近 600 万注册用户,已经发布了 162 万份论文。

2.3.3 ResearchGATE

ResearchGATE 是一个社交网络服务网站,于 2008 年 5 月正式上线。截止 2012 年 2 月,这个科学家社区已拥有 140 万名注册会员,会员来自全球 192 个国家和地区。网站在 2012 年有 20 多个分类社区,其中最大的医学社区有 35 万注册用户。在 ResearchGATE 上,科学家可以分享研究成果、学术著作,以及参加一些科研论坛或兴趣小组。一些需要向社会公布的科研项目或成果也可以提前在社区里宣布,让大家讨论并提出建议等。

2.3.4 Mendeley

Mendeley 既是一款免费的跨平台文献管理软件,也是一个在线的学术社交网络平台。用户使用 Mendeley 后,可一键抓取网页上的文献信息添加到个人的图书馆中,还可安装 MS Word 和 Open Office 插件,方便在文字编辑器中插入和管理参考文献。Mendeley 免费提供各 500M 的文献存储和共享空间。所有人都可以在 Mendeley 上搜索到世界各地的学术文献,而这些学术文献都是由用户自己上传到 Mendeley "图书馆 (Library)" 进行编辑管理的。

Mendenly 的功能主要包括：
1）参考文献管理（Reference Manager）
2）PDF 文件阅读与标注（Read and Annotate）
3）添加与组织（Add and Organize）
4）与全球同行协作（Collaborate）
5）备份、同步与移动（Backup, Sync and Mobile）
6）网络与发现（Network and Discover）

据报道，Mendeley 已被科技出版巨头爱思唯尔（Elsevier）收购。

2.3.5 小木虫

小木虫（emuch.net）是中国最有影响力的学术交流站点之一，创建于 2001 年，会员主要来自国内各大院校、科研院所的博硕士研究生、企业研发人员。以其旺盛的人气、良好的交流氛围及广阔的交流空间，小木虫已成为聚集众多科研工作者的学术资源、经验交流平台。

小木虫内容涵盖化学化工、生物医药、物理、材料、地理、食品、理工、信息、经管等学科，除此之外还有基金申请、专利标准、留学出国、考研考博、论文投稿、学术求助等实用内容。

小木虫论坛（emuch.net/bbs/）为小木虫网站的互动交流平台，截至 2013 年 6 月 27 日，共有 1798961 篇主题，48116493 篇帖子，2524160 位会员。

2.3.6 丁香园

丁香园（www.dxy.cn）成立于 2000 年 7 月 23 日，是目前国内医药及生命科学领域行业规模最大并极具影响力的社会化媒体平台。丁香园用户超过 300 万，为用户提供多种形式的交流平台和工具。据了解，全国 90% 的 45 岁以下在三甲医院工作的医务工作者均知晓"丁香园"。

第三节 新技术环境中的图书馆核心价值再讨论

在社会发展中，图书馆一直以文献信息的管理与利用为主，成为文献信息的汇聚与交流中心。随着新技术的发展，信息量的增长，以 Google 为首的搜索引擎动摇了图书馆作为社会信息门户的地位。因此，有人认为个人使用网络方便得很，不需要图书馆了，也有人认为现代人忙没有空看书，不需要图书馆……这就使我们必须对有数千年历史的图书馆在网络时代存在的价值进行再思考。图书馆在新技术环境中的核心价值是什么，图书馆与图书馆员该如何应对才能实现核心价值？

3.1 图书馆业务流程再造与组织重组

新技术的冲击使原来图书馆的传统组织架构已不足以应付未来的挑战。采用现代企业管理制度中的业务流程再造理论对现有图书馆组织结构进行重组势在必行，而哈佛大学图书馆在这方面先行一步。

业务流程再造思想的产生源于市场竞争的压力。在竞争条件下，企业往往出现运行不畅、效率低下、适应市场变化的创新能力下降等问题，而在企业原有框架下的改革通常只能部分地解决一些表面问题，不能从根本上解决问题，因此，企业需要不断创新其管理模式。1993 年，美国管理学者哈默（Hammer）和钱皮（Champy）提出业务流程再造的基本概念，指出业务流程再造就是对企业的经营过程进行重新思考和彻底的改造，以便使企业在成本、质量、服务、效率等方面获得戏剧性的改善。其核心思想是对企业的流程进行"根本性再思考"、"彻底性再设计"、"戏剧性改善"，其目的是使企业发生跨越式发展。

哈佛大学图书馆是由 73 所独立的综合图书馆、专题图书馆、学院图书馆等组成的庞大图书馆系统，共有 1 200 多名全职工作人员，1600 多万册（卷）藏书，1 200 多万个数字文件，数百万手稿、照片、音乐唱片、电影以及各类文物，是全球最大的学术图书馆、世界第五大图书馆。哈佛大学图书馆特别工作组于 2009 年 11 月发布调查报告《Library Task Force Report》指出，图书馆运行几十年的组织结构存在管理分散、财务模式过时的问题，无法适应当前形势；图书馆的预算仅有 29% 花在资源上，而同类院校是 42%。报告提出核心建议，即协同管理、合理使用信息技术、采用一套财务模型优化合作系统；加强在资源采购和利用方面的协作；增强与同行机构合作等。报告最后提出，哈佛图书馆改革的目标是加强协作、提高用户体验，建设"面向 21 世纪的可持续发展的信息生态系统"。于是，哈佛图书馆从 2009 年开始，通过调查研究分析面临的内外形势，开展自上而下的改革。改革内容包括机构重组，协作管理，增强系统内的一致性，精简人员，整合资源、加快联盟建设，开展创新服务等。重组项目计划按照馆藏需求、内容、服务领域和特定活动，把哈佛大学现有的 73 座图书馆分成 5 组，统一在"哈佛大学图书馆"之下，把之前各自为阵的图书馆联合重整为一个有机体系，基本架构为教务长——高级副教务长——哈佛大学图书馆执行馆长——5 个亲缘组（Affinity Group）、信息与技术服务主管、获取服务主管、首席财务官。

诚如国际图书馆协会和机构联合会主席 Allen Tise 在第 77 界国际图书馆协会和机构联合会大会开幕式讲话中指出的，图书馆事业"经历了从纸质形式到电子形式的彻底改变，这对于图书馆产生的影响就是图书馆必须在基本原则框架内对自身及其服务进行重新界定和改造"。哈佛图书馆为未来图书馆的全方位革新做了有益的探索。

3.2 图书馆的效益评估

20 世纪 90 年代以来，由于经济社会环境的急剧变革，特别是网络化和数字化的技术进步，图书馆作为文献信息中心的社会地位受到严峻挑战，其现实社会价值受到不同程度的质疑，对图书馆的价值进行效益评估是回应质疑的好方法。

效益评估工作一般由第三方机构来完成，或者由图书馆主动发起。英国北爱尔兰文化、艺术和休闲部曾委托普华永道会计事务所，研究分析该地区包括图书馆在内的文化体育机构潜在的经济和社会价值，以决定其资助水平。澳大利亚新南威尔士州图书馆的研究报告指出，"在问责制和透明化的复杂操作环境中，包括图书馆在内的公共机构，发现社区的需求并作出反应以表明他们对于社区是有意义、有价值的"。2013 年 12 月，Pew 研究中心公布了最新的图书馆研究报告——《美国人如何看待公共图书馆对社区的价值》。在这份报告中，56%家中无法上网的互联网用户表示公共图书馆的基础技术设备（如电脑、网络、打印机）对他们及其家人而言是非常重要的；在所有受访者中，也有 33%持这样的观点。同时，虽然大部分美国人自认为已经能很好地拥抱新技术，他们依然认为查找信息时公共图书馆是必不可少的。52%的美国人表示他们可以自己找到大部分的信息，所以并不需要公共图书馆，但46%的受访者并不如此认同。

经过新技术的洗礼以及社会环境的变化，图书馆应更重视自身的效益评估，关注图书馆的"投入—产出"的绩效评估，关注图书馆服务对用户最终影响的成效评估，关注图书馆服务对全社会贡献的价值评估。

3.3 图书馆员的成长与发展

馆员发展和人事问题一直是图书馆员在工作场所最为关心的问题，并且越来越成为影响图书馆发展的决定性因素之一。技术发展对图书馆员提出了更高的要求，图书馆员必须不断更新自己的知识结构，与时俱进提高技能，才能在技术面前不落伍，不被技术所淘汰。

新技术环境要求图书馆员具备三种能力：有敏锐的职业意识和深入的信息技术能力；以用户为中心，创建因用户而变的泛在服务，有较强的合作意识；保持最大限度的开放性和协作性。

在图书馆员个人以开放的心态拥抱新技术之外，图书馆员团队的共同协作、成长也是一条可行之路。厦门大学图书馆、上海图书馆、上海交通大学图书馆先后以"泛技术小组"的形式开展活动，取得了良好效果。

厦门大学的泛技术团队成立最久，简称"泛团"，谐音"饭团"。后来，上海交通大学也成立了泛技术小组。为了区分，厦门大学叫"虾饭团"，而上海交通大学的叫"焦饭团"。"焦饭团"以图书馆内的研究型馆员为核心、并吸引所有有兴趣的馆员共同参与。焦饭团成立以来，以定期年会和不定期工作讨论会的形式积极开展活动，推进工作，已经成功举办2届沙龙。小组成员在图书馆各项新技术、新平台的探索、开发和应用中发挥了骨干作用。

上海图书馆"饭团"也走过了五年多历程，已然成为一个聚集年轻员工才气和热情的团体。饭团的工作最初集中于使信息技术为上图所用，如在RSS、BLOG兴起的浪潮中推广上海图书馆的形象和功能。2013年，上海图书馆"饭团"推出了图书馆业内第一份年度阅读白皮书——《上海市公共图书馆2012阅读报告》，而2013年春节期间广获读者好评的个性化年度阅读账单等创新型数据服务也是出自上图"饭团"之手。

参考文献

[1] 宋菲，李麟，李力. 2012年国外图书馆战略规划与发展特点［J］. 图书情报工作，2013（13）：29-34.

[2] 张晓林. 超越图书馆：寻求变革方向——第77届国际图联大会观感［J］. 图书情报工作，2011（21）：5-10.

[3] 利求同. 大学图书馆的严冬——透视哈佛图书馆重组［J］. 书城，2012（7）：70-77.

[4] 张晓林. 颠覆数字图书馆的大趋势［J］. 中国图书馆学报，2011（5）：4-12.

[5] 孙坦，白光祖. 关于图书馆战略规划的几点思考与讨论［J］. 图书馆建设，2011（10）：17-20.

[6] 吕淑丽. 国内图书馆流程再造研究综述［J］. 图书馆界，2013（3）：50-53.

[7] 申蓉. 哈佛大学图书馆改革及启示［J］. 图书馆建设，2013（6）：63-65.

[8] 秦鸿，钱国富，钟远薪. 三种发现服务系统的比较研究［J］. 大学图书馆学报，2012（5）：5-11.

- [9] 徐丽芳. 数字出版: 概念与形态 [J]. 出版发行研究, 2005 (7): 5-12.
- [10] 张海青, 张成. 图书馆的危机与变革——哈佛大学图书馆重组的思考 [J]. 农业图书情报学刊, 2013 (6): 109-111.
- [11] 张智雄, 顾立平, 张晓林等. 组建中国 ArXiv 服务工作组 促进我国有效参与 OA 活动 [J]. 图书情报工作, 2013 (1): 55-59.
- [12] 柳青, 杨子竞. 高新技术对图书馆的影响 [J]. 图书情报工作, 1998 (3): 31-33.
- [13] 张晓林. 数字图书馆机制的范式演变及其挑战 [J]. 中国图书馆学报, 2001 (6): 3-8.
- [14] 何安兰, 陆怀湘. 因特网对美国图书馆的影响 [J]. 图书馆学刊, 2001 (5): 61-63.
- [15] 任真. 开放获取环境下的图书馆 [J]. 大学图书馆学报, 2005 (5): 44-47.
- [16] 刘燕之. eScience 让科研工作更有成效——访微软研究院院士 Jim Gray [J]. 每周电脑报, 2006 (44): 35.
- [17] 胡小菁. 论新一代 OPAC 的理念与实践 [J]. 中国图书馆学报, 2006 (5): 67-70.
- [18] 赵禁. 学术信息开放存取与图书馆服务 [J]. 图书馆学研究, 2006 (4): 64-67.
- [19] 陈成鑫. 未来用户信息需求的行为特点与图书馆的应对策略 [J]. 图书馆工作与研究, 2009 (9): 3-8.
- [20] Report of the Task Force on University Libraries [EB/OL]. [2013-12-10]. http://www.provost.harvard.edu/reports/Library_Task_Force_Report.pdf.
- [21] 金岩, 于静. 基于 OPAC 的资源整合研究 [J]. 图书馆杂志, 2009 (2): 27-30.
- [22] 秦殿启. 论网络环境下高校图书馆的核心价值 [J]. 现代情报, 2010 (8): 29-31.
- [23] 何隽. 数字环境下高校图书馆的业务流程再造 [J]. 图书馆建设, 2010 (5): 87-90.
- [24] 肖珑. 高校图书馆战略发展规划制定的案例研究 [J]. 图书馆建设, 2011 (10): 21-24.
- [25] 郑卫光. 试论图书馆业务流程再造的现实意义 [J]. 图书馆工作与研究, 2011 (10): 30-33.
- [26] 朱强. 变化中的服务与管理——美国大学图书馆访问印象 [J]. 图书情报研究, 2011 (4): 1-8.
- [27] 姚毅. 互联网变革对图书馆业务影响及应对之策 [J]. 图书情报工作, 2011 (S2): 14-16.
- [28] 贾国柱, 熊伟. 国外图书馆价值评估研究述评 [J]. 图书情报工作, 2011 (1): 84-88.

[29] 杨琳. 图书馆与数字出版的融合——以中国科学院国家科学图书馆为例 [J]. 出版发行研究, 2012 (3): 47-49.

[30] 刘蒙之. 美国图书出版业"自出版"现象初探 [J]. 编辑之友, 2012 (7): 123-125.

[31] 朱强, 张红扬, 刘素清等. 感受变革 探访未来——美国三所著名大学图书馆考察报告 [J]. 大学图书馆学报, 2012 (2): 5-12.

[32] State of Americas Libraries Report 2012 [EB/OL]. [2013-12-09]. http://www.ala.org/news/sites/ala.org.news/files/content/StateofAmericas Libraries Report2012 Finalwithcover.pdf.

[33] 陈雅, 李文文, 郑建明. Science 2.0 环境下图书馆信息咨询服务范式研究 [J]. 图书馆杂志, 2012 (10): 41-43.

[34] 陈定权, 卢玉红, 杨敏. 图书馆资源发现系统的现状与趋势 [J]. 图书情报工作, 2012 (7): 44-48.

[35] 窦天芳, 姜爱蓉. 资源发现系统功能分析及应用前景 [J]. 图书情报工作, 2012 (7): 38-43.

[36] 双林平. 数字出版时代图书馆的发展策略研究 [J]. 中国报业, 2012 (6): 201-202.

[37] 付宁华. 网络自出版的崛起对传统出版社的影响 [J]. 编辑学刊, 2013 (4): 84-86.

[38] 李玲丽, 吴新年, 张甫. 开放型科研社交网络应用调查与分析——以 Academia.edu 为例 [J]. 情报资料工作, 2013 (1): 90-93.

[39] 缪健美, 姜华强, 项洁. 学术社交网络信息传播特征与规律研究 [J]. 杭州师范大学学报 (自然科学版), 2013 (1): 307-310.

[40] 张振虹, 刘文, 韩智. 从 OCW 课堂到 MOOC 学堂: 学习本源的回归 [J]. 现代远程教育研究, 2013 (3): 20-27.

[41] How Americans Value Public Libraries in Their Communities | Pew Internet Libraries [EB/OL]. [2013/12/13]. http://libraries.pewinternet.org/2013/12/11/libraries-in-communities/.

[42] 互联网女皇的互联网报告 2013 版 (详细) | 36 氪 [EB/OL]. [2013/12/10]. http://www.36kr.com/p/203685.html.

[43] 李玲丽, 吴新年. 科研社交网络的发展现状及趋势分析 [J]. 图书馆学研究, 2013 (1): 36-41.

[44] 邓仲华, 李志芳. 科学研究范式的演化——大数据时代的科学研究第四范式 [J]. 情报资料工作, 2013 (4): 19-23.

第四章 空间与图书馆空间服务

据《西方图书馆史》记载，西方图书馆事业已有 4 000 多年的发展历史。西方图书馆的建设思想和读者服务理念无不影响着世界图书馆事业和图书馆读者服务工作的变化与发展。现代图书馆作为城市公共文化设施，在全球信息化建设浪潮中逐渐树立了以用户为中心的服务观念，开始了由传统图书馆的文献服务到数字图书馆的知识服务，继而到泛在图书馆空间服务的发展历程。深受相关领域空间理论和用户服务理念的影响，在信息技术和用户需求的推动下，图书馆的建筑形态、空间布局、服务模式、管理方式都发生了重大变革，传统的评价手段也被科学化的评价工具所代替，使图书馆这个有机体不断实现自身成长与发展转型。

本章通过描述 20 世纪以来图书馆经历的两次重大变革，介绍由此带来的图书馆空间发展和图书馆服务变迁，概述空间服务产生的历史背景、社会变革因素及图书馆信息共享空间（IC）、学习共享空间（LC）、研究共享空间（RC）、知识共享空间（KC）等空间服务的提出与发展。

第一节 空间与图书馆空间演变

意大利建筑评论家布鲁诺·赛维认为，空间是建筑的主角。图书馆建筑外形特征是社会文化和精神审美的物质反应，而图书馆空间则是用户需求和服务功能的客观表达，图书馆空间布局将随读者服务需求和技术的发展不断调整和重组。高校图书馆正成为校园社会、教育、文化活动的中心，其服务空间也逐渐由单一功能向多功能、多用途演变。

1.1 空间及相关理论

1.1.1 "空间"概念

根据《辞海》解释，"空间"的"空"有"中无所有"、"广大"之意[1]。从哲学的角度理解，空间是与"时间"一起构成运动着的物质存在的两种基本形式，空间是物质存在的广延性，时间是物质运动过程的持续性和顺序性，在浩瀚的宇宙中，空间无边无际，时间无始无终。今天，当人们谈到空间，常喜欢引用老子一段名言："三十辐共一毂，当其无，有车之用。诞埴以为器，当其无，有器之用。凿户牖以为室，当其无，有室之用。故有之以为利，无之以为用"。从空间意义上理解，老子通过阐述"器"与"室"中的"有"、"无"关系来说明空间存在的价值，即说明空间里如有东西，能为我们所用，而当空间里没有东西时，我们就可利用空间去创造有用的东西。

法国当代新马克思主义者亨利·列斐伏尔认为"任何一个社会，任何一种生产方式，都会生产出自己的空间"。在当今城市社会发展中，城市社会空间研究受到了城市社会学及其他领域的广泛关注和探讨，"空间"成为文学、艺术、建筑、哲学、社会学、信息网络等领域出现的高频词汇。空间不再只是人们日常生活中的一个事实存在物理场所，而是与人们文化生活、精神世界密切相关的广延场域。空间探讨之所以成为当今学术研究的一股潮流，其意义还在于空间的变迁已成为解释历史现象、探究社会关系形成的重要方面。自美国社会学家雷·奥登伯格在其《绝对的权利》著作中提出"第三空间"概念后，"空间"更是成为文化信息领域一个新的研究视角，研究者从空间的内涵、功用、特征和社会价值等方面广泛探讨空间的变革与建构意义。

1.1.2 空间理论与图书馆文化建设

人类在与大自然千百年的抗争中创造了各种各样的建筑空间。对各种空间概念进行阐述的同时，不断有哲学家、社会学家和信息专家提出新的空间理论和研究观点，空间理论在人类各种生存空间设计与空间布局实践中有着现实的指导意义。奥地利哲学家卡尔·波普尔说过："假如世界毁灭了，图书馆还在，很容易重建世界，如果图书馆也没有了，我们就会变成原始人。"作为人类文化保存和社会文明传承的重要机构，图书馆在人类文明发展历程中，始终起着收集、保存和传播人类知识的作用。文化公共空间是图书馆核心价值的体现，图书馆将有形建筑、建筑艺术和社会文化高度统一结合，为读者打造一个社会空间、文化空间以及交流互动与分享的多维空间。

（1）维度空间理论

纵观各种空间理论，大致可归纳为以三维几何空间作为理论基础，有着重抽象几何形式和其间关系的形式主义空间理论；以人为本，着重研究人与环境之间关系，忽略空间作为"存在"量度的环境心理学空间理论和领域性空间理论；以思辨哲学作为理论基础，将空间理论研究上升为哲学方法论高度的空间理论[2]。

图书馆是一个包含有形物理空间和无形虚拟空间的多维空间体。网络环境下，空间内涵的延伸和拓展必将引起图书馆功能空间的再造与重组。秦殿启通过"维度空间理论"与图书馆形态的描述，"平行空间理论"、"六度分离理论"及老子的"有""无"空间说与图书馆服务空间的关联，阐述了空间理论对泛在信息社会的产生、发展的影响及图书馆服务空间的演变[3]。

(2) 亨利·列斐伏尔的空间理论

西方现当代学界的空间理论大致可以分为20世纪90年代前的一般现代空间理论和20世纪90年代后的网络空间理论[4]。其中，亨利·列斐伏尔是最早对空间及空间问题进行理论阐释的学者，也是现代空间理论的代表性人物。他在代表作《空间的生产》中将空间问题与全球化、都市化以及日常生活结合起来综合分析，开创了空间研究的新视野。列斐伏尔认为，空间可以分成"自然空间"和"社会空间"，空间具有社会性，空间概念已渗透到人类社会生活的方方面面，与人的行为存在着某种内在联系，空间理论应将物质的空间、精神的空间和社会的空间联结起来，而且列斐伏尔还认为空间是非封闭、非静止的，是随着社会生活变化无限生产。列斐伏尔的城市空间理论对理解图书馆空间演变进程有着重要的解释意义。

(3) 吉尔·德勒兹的空间理论

法国后现代主义哲学家吉尔·德勒兹（Gilles Deleuze）是20世纪最重要的空间理论哲学家，在其创建的极为独特的哲学和美学概念中，不少是以空间术语来命名，如光滑空间（smooth space）和条纹空间（striated space）是他研究网络空间和电子传媒文化领域的两个重要概念，其内容理念对大学图书馆空间形态产生着重要影响。光滑空间主要是由数字媒介开启的一种网络空间，通过这样的空间平台，青年一代可以娱乐、学习、购物、闲聊、交友等，所有媒体之间都没有了界限，表现出多元、互动的情景，所有的信息在数字面前也取得了绝对平等。而图书馆读者群体、空间布局、图书刊物、管理模式等结构化的存在形式可以看做是不同的条纹空间，是一种体现秩序、等级和专一性的空间。现代图书馆是两种空间的混合并存体，它更类似于德勒兹所提及的开放式的光滑空间[5]。

(4) 皮埃尔·布迪厄的场域理论

皮埃尔·布迪厄是法国著名的社会学家，他的场域概念贯穿其社会理论各种层面，场域理论是其社会学体系中的重要内容。布迪厄认为场域是各种社会关系多样性的表现形式，虽然场域中有社会行动者、团体机构、制度和规则等因素存在，但是场域的本质是这些社会构成要素之间的关系，场域反映出来的是各种形式的社会网络。布迪厄进一步认为，现代社会中相对自主性的社会小世界构成了一个一个的场域，每个场域有着自身特有的逻辑和必要性[6]。吴红、倪代川等人从社会学的场域理论出发，探讨图书馆作为大学中一个独特场域所体现的文化精神。倪代川在其《布迪厄场域理论视域下的大学图书馆场域探析》一文中从大学图书馆的"空间场域"、"关系场域"、"文化场域"、"信息场域"等方面分析了大学图书馆作为社会空间的内涵和特征。

1.2 图书馆空间及空间演变

1.2.1 涵义

从古至今，图书馆建筑作为重要的社会公共建筑类型，在人们的心目和生活中有着举足轻重的地位，优秀的图书馆建筑都包含一种文化内涵，常常成为业界关注、学习和观摩的对象。

图书馆空间作为建筑的重要组成形式是供读者学习、活动和交流的特殊社会空间，无论其是有形的物理空间实体还是虚拟的网络空间，在人类文明的历史发展长河中无不受到社会变迁影响和面临科学技术发展带来的挑战，信息共享空间（IC）产生后，对图书馆空间问题探讨和研究的文章更是逐年增长。大学图书馆空间作为知识传播的媒介与载体，在为学校的教学科研中发挥着重要的教育与辅助功能，作为实体存在的图书馆建筑不仅经历了一个空间演进过程，图书馆的服务也经历着一个从文献服务到信息服务、知识服务和空间服务的发展过程[7]。大学图书馆空间有两层含义：一是指高校图书馆各功能元素的组织，体现为高校图书馆空间的空间秩序和空间划分；二是指空间各实体元素的塑造，体现为空间形态和空间建构。高校图书馆空间正在呈现出秩序多元化、划分混沌化、形态媒介化以及建构个性化等发展趋势[8]。

2006年，OCLC报告指出：信息消费者把图书馆看作是一个学习的场所，阅读的场所，免费获取信息的场所，提高素养的场所，支持研究的场所，提供免费的计算机（互联网）存取的场所。2011年，吴建中在广州论坛上作的"发挥图书馆作为社会公共空间的价值"专题演讲中明确指出图书馆是"人与人交流的空间"，是"聚集信息资源和人的资源的知识空间"，是"人们共享知识的第三空间"，是"激励人们不断学习和追求的最佳场所"，正在"成为人们生活、工作和学习中不可缺少的公共空间。[9]"无论是 OCLC 的调查报告，还是吴建中作为图书馆专家的感知，他们的结论和认知正是对图书馆空间价值最直接、最贴切的直观描述和深层揭示。

英国图书馆员安德鲁·麦克唐纳德（Andrew McDonald）在 2006 年发表的《好图书馆空间的十大特征》中概括了图书管理员眼中最好的图书馆的样子，其中包含了图书管理员希望建筑师实现的 11 个关键要素，也是当今图书馆设计不同于其他建筑的根本所在[10]。在麦克唐纳德看来，"吸引力"要素是图书馆必要特征中的第 11 个关键词，他指出当今图书馆空间的建筑风格应能激发用户创造力，因此在设计时要体现大学的文化内涵。

1.2.2 图书馆空间划分

图书馆空间根据其功能属性和服务目标的不同，划分标准亦不同。孙权在谈到图书馆新馆的空间布局与功能定位时，按照图书馆服务功能，将图书馆空间划分为十大功能类型，即藏书空间、阅览空间、学习空间、研讨空间、数字资源空间、视听空间、展示空间、自助服务空间、办公空间和休闲空间，并详细介绍了每一类型空间的空间布局、功能定位和服务模式[11]。而郭海明从图书馆建筑空间功能的角度，认为图书馆空间应包括信息资源获取区、信息交流区、信息研究区、学习区、信息素质教育区、信息控制区和休闲区，按照有利于读者信息利用、交流、协作与学习的"一站式"服务功能划分区域[7]。杨允仙通过"图书馆空间再造的思考"阐述了网络空间、学习空间、心理空间、生活空间和虚拟共享空间的内涵和功能[36]。

周文骏参照对"空间"的解释原理，将图书馆空间划分为文献资源空间、信息行为空间和文献交流空间三个层面。文献资源空间是图书、期刊、资料等的"能容受之处"，是社会文献收藏中最具权威性、开放性、持续性、公益性和普遍性的专门空间；信息行为空间是以提供文献满足社会成员阅读需求的专门空间；文献交流空间是文献资源和信息行为结合而形成的空间，是与读者进行沟通、交流的动态空间。人类社会是个文献、信息和知识交流的大空间，图书馆是这个大空间的基础设施[12]。

1.2.3 图书馆服务空间的演变

一个多世纪以来，近现代西方图书馆空间布局的演进经历了复古思潮、功能主义、理性主张和审视创新四个时期[13]。康奈尔大学图书馆在其 2015 年发展方向中指出，馆舍空间使用转型是图书馆面临的六大挑战之一，馆舍与资源、馆员技能激发读者的需求，从而决定图书馆未来的存在。[14]而我国图书馆事业的发展经历了从藏书楼向信息共享空间转变,国内许多著名大学图书馆也在近年完成了旧馆改造或新馆建设,拓展了图书馆物理空间,完善了功能分区[14]。

纵观图书馆的发展历史,可以发现其空间形式演变的特征和规律:从清晰走向模糊的空间限定;从静态转变为动感的空间组织;从艺术表达发展至为人设计的空间界面处理[15]。

(1) 古代图书馆的历史作用

伴随人类文明的产生和发展,以及文字的创造和书写材料的革新,文献的种类和数量不断增多,便出现了文献收集、保存和使用问题,图书馆应运而生。中国作为人类文明最古老发源地之一,图书馆的产生与发展成为世界图书馆发展历程中的重要组成部分。说起图书馆服务空间的演变,不能不提起中国藏书楼的历史作用。可以说,中国图书馆事业的产生与发展,古代藏书楼的作用不可忽视。

藏书楼是中国古代供藏书和阅览图书用的建筑,其最原始和最基本的功能就是收藏各类典籍和文集奏议。中国最早藏书建筑始见于宫廷,据史记所载,高祖刘邦率军入关,灭秦兴汉,宰相萧何遍收典册、图籍,并修建了天禄阁、石渠阁用以收藏,天禄阁和石渠阁是汉宫御用存放国家文史档案和重要图书典籍的官府藏书楼。宋朝以后,随着造纸技术的普及和印本书的推广,藏书事业发达,民间藏书发展,个人兴建的藏书楼也日渐增多,如明代的兵部右侍郎范钦的"天一阁"藏书楼,就是我国现存、世界上历史最悠久的私人藏书楼之一。

中国古代藏书楼有皇家藏书楼、官府藏书楼和私人藏书楼之分,分别代表了我国古代官方机构、民间团体和私人图书收集、整理之状况[16]。藏书楼一般建于宫廷之内或庭院之间,建筑与外界隔绝,结构简单、功能单一,以"藏"为主,"看"为辅,实行封闭式管理,仅限于皇帝、官府政客、鸿儒学子或书的主人等使用,一般人不允许进入查找和翻阅,是一个封闭的、不开放的独立藏书体系。其建筑周围环境优雅清新,是古代文人、政客著书立传,从事学术活动的私密场所。

古代藏书楼不仅是中国古代文明传承的重要载体,也是中华民族珍贵文献保留下来的重要渠道。在中华民族几千年的历史发展中,藏书楼的文献收集、保存、整理和文化传播的地位和作用不可替代。没有中国古代藏书楼就没有中国近代图书馆的萌生和发展。

(2) 近代图书馆的产生与发展

中国近代图书馆是在西方图书馆思想基础和中国古代藏书楼保留的藏书的物质基础上萌生和发展起来的[17]。明万历年间，西方科学技术开始迅速发展，自德国人约翰·古登堡受到中国活字印刷的启发发明金属活字印刷术技术后，纸质书籍开始成为人们信息交流的主要载体。19 世纪末到 20 世纪初，耶稣会传教士来到中国宣讲基督教教义的同时，也传播了大量科学技术和近代西方先进的图书馆知识。他们为中国带来了与古代藏书楼利用不同的西方图书馆办馆理念和管理方法。鸦片战争以后，一批有识之士和留学青年在游历和了解西方文化思想后也在宣传西方图书馆开放、公开的思想观念。他们把藏书楼作为一种辅助教育的机构看，从而也赋予藏书楼以新的内容和作用。梁启超 1896 年在《时务报》上撰文称道："教育人才之道计有三事：曰学校、曰新闻馆、曰书籍馆。"，"书籍馆"即指图书馆。1894 年，"图书馆"一词在我国出版的《教育世界》第 62 期中所刊出的一篇《拟设简便图书馆说》中出现。

1904 年，徐树兰在西方文化的启迪和维新改良主义的影响下，将私人所藏七万余卷书籍的"古越藏书楼"向社会各阶层人士开放。古越藏书楼的开放，标志着中国私人藏书楼向公共图书馆的过渡，也标志着中国近代图书馆的诞生。1910 年，《京师图书馆及各省图书馆通行章程》中第一次明确了"图书馆"名称的法定地位。辛亥革命的胜利，"五四"运动和新文化运动完成了由封建藏书楼向近代图书馆的转变。

近代图书馆建筑多采用砖石和钢筋混凝土混合结构，内部空间由固定的承重墙隔断成相对固定的功能房间，建筑的内部主要以书库为中心，相应形成藏、借、阅、文献整理加工四种类型的物理空间格局，图书馆员的工作间与读者活动区域截然分开，阅览室闭架式为读者提供借阅服务。20 世纪 30 年代，美国麦克唐纳提出"统一柱网、统一荷载、统一层高"的模数式建筑思想逐渐在图书馆建设中体现，使图书馆建筑内部空间格局具有灵活性和可扩展性，呈现出物理空间藏借阅合一的大开间布局新服务模式发展趋势。

中国图书馆自诞生以来，就有了文化教育和为读者服务的职能，而且更加注重收藏书籍的宣传、使用及科学管理，功能主要以文献服务为主，致力于文献的保存、传播与利用。随着现代科学技术在图书馆中的应用，图书馆的馆藏介质、资源数量、资源种类都发生了巨大变化，数据库查询、联机检索、参考咨询等服务内容和服务手段不断增加，服务形式也逐渐由图书闭架借阅到开架自选阅览[18]。近代图书馆的服务模式和服务手段逐渐向现代图书馆的自动化、网络化、数字化和智能化方向迈进。

（3）数字图书馆形成与发展

上世纪70年代开始，计算机、通讯、网络、数据存储、多媒体等信息技术革命浪潮影响着整个世界，推动了人类社会步入信息化的进程。1980年，世界著名未来学家阿尔温·托夫勒（Alvin Toffler）在其出版的《第三次浪潮》一书中将以电子计算机出现为主要标志的信息化阶段定义为人类文明发展的第三阶段。在《第三次浪潮》出版后的第三年（1983），国际互联网（Internet）开始从实验型转变为实用型应用，标志着全球信息化社会的到来。互联网的作用已不再局限于信息的浏览与传递，还具备了信息上载、查找和满足3A服务（Anytime、Anywhere、Anyhow）的网络服务功能。这种不受时空和物理空间制约和影响的数字化、网络化和全球信息共享的虚拟空间服务方式成为了现代图书馆追求的发展目标。

1990年，密执安大学的研究人员首次提出了"数字图书馆"概念，之后随着信息技术的发展和用户需求的变化，出现了许多关于数字图书馆的新名词、新术语和新概念，如"电子图书馆"、"虚拟图书馆"、"无墙图书馆"、"复合图书馆"、"门户图书馆"、"图书馆2.0"、"泛在图书馆"、"移动图书馆"等，这些术语的出现说明了数字图书馆是对传统图书馆资源类型与服务手段的全面超越。美国研究图书馆协会（ARL）曾定义：数字图书馆是把众多地方资源连在一起的虚拟技术，能够使最广大的透明用户最大限度地获取信息，得到信息服务。数字图书馆已成为以现代信息技术等为支撑，利用计算机软硬件管理各种信息资源的采集、加工、存储、传递、检索等，为读者提供数字化学习产品和自主学习方式的一种全新开放的学习环境。在此背景下，以资源为基础、需求为导向、服务为核心、技术做保障的数字图书馆事业蓬勃发展，为图书馆的空间服务打下了很好的基础。

为应对现代新型建构主义教育模式的全面推行和高校用户数字化、网络化和多元化服务的需求变化，大学图书馆建筑和服务空间也依据现代空间理论、模数式图书馆建筑设计理念和当代服务观念的指引进行了重新定位和规划。图书馆空间设计秉承打造校园学习中心、知识中心、文化中心、社会中心的设计思想，更注重开放、共享、协同、多元、智能、舒适和人文理念的融合，将学习、教学和科研行为逐渐嵌入图书馆的服务空间中去，实现信息共享到学习共享、知识共享的发展。大学图书馆的学习环境正经历着一场以读者为中心、以协作式学习为导向的由物理到虚拟、由场所到服务空间的转变。

作为21世纪文化科技核心竞争力的焦点,数字图书馆服务空间建设成为一个国家和地区信息化建设的重要内容,而伴随数字图书馆资源、技术、服务变革的全面推进,图书馆间合作项目、用户体验等创新服务也不断推出。如西班牙文化部的AGI（EI Archivo General de Indias）数字图书馆建设、美国"美利坚记忆"项目、信息共享空间、中美百万册数字图书馆项目、澳大利亚的light form light（光源之光）、谷歌图书馆项目以及美国法耶特维尔公共图书馆（Fayetteville Free Library，FFL）制造空间的"发明实验室"（Fab Lab）项目等。应需而变,体现了图书馆顺应时代需求,开启空间服务发展的生存之道。

据报道,美国首座全数字化图书馆在德克萨斯州圣安东尼奥市郊的贝尔郡启用。这座名为Biblio Tech的图书馆,占地463平方米,没有实体书架和书籍,空间内摆放的是700台电子阅读器、数十台iPad、笔记本电脑等电子阅读设备。这里的图书管理员都是熟知科技的年轻人,读者通过移动设备挑选电子书后就可以现场浏览,也可以利用图书馆的账号在家中登录使用[19]。这种数字图书馆移动使用方式创新了图书馆读者服务理念,拓展了图书馆的服务空间。

1.3 图书馆空间服务

1.3.1 信息共享空间

罗伯特·拉奇在他的著作《硅谷之梦》中指出网络环境将成为人们思想交流和知识传播的信息共享空间。与此同时,许多社会理论学家也开始意识到把"Commons"这一历史概念与网络空间联系起来的重要性,美国明尼苏达大学公共政策研究所的创始人哈伦·克利夫兰（Harlan Cleveland）在他1990年出版的《全球共享空间》一书中,以前瞻的见解预示着虚拟共享空间的到来,社会理论界随即掀起了"共享空间（Commons）"的大讨论。之后,随着国际学术界、出版界和图书情报界为推动科研成果基于互联网的自由获取与传播而掀起的开放获取运动,促使信息共享空间的概念进一步发展。由于信息技术的发展和学习方式的改变,加速了建构主义理论在高校的应用和协同式学习模式的流行,因此作为大学发展的服务支持机构,作为校园文化、信息和学习的空间场所,图书馆通过满足读者对资源、空间和服务的共同需求,使信息共享空间概念得以实施和进行用户体验,并成为服务创新的一种新理念和新模式[20]。自信息共享空间在美国大学图书馆出现以来,深受读者喜爱，在北美得到了图书馆界高度重视和发展，这种发展趋势引领了21世纪许多国家的大学和研究型图书馆新馆建筑设计、内部空间布局和服务提供手段的颠覆性改变。

1.3.2 第三空间

奥登伯格从社会学的角度提出社会空间分为三个层次，第一空间是家庭环境，第二空间是职场环境，而第三空间便是前两者之外的其他所有空间，如酒吧、美术馆、图书馆、书店、咖啡馆、公园等。"第三空间"是人们停留、消遣、交流、思考并能够自由地释放自我的地方，是人与信息、人与人之间交流的知识共享空间[21]。图书馆的"第三空间"可以实现从"书本位"到"人本位"的转变。书本位强调的是静态信息，而人本位则更加强调动态知识的交流。图书馆为用户提供了一个平等、温馨、自由、互动的学习与交流空间，最大限度地发挥了图书馆的社会公益性作用[22]。2009年，在意大利都灵市举行的国际图书馆协会联合会上，"作为第三空间的图书馆"主题备受关注。

1.3.3 创客空间

创客起源于美国硅谷人的"车库精神"，他们将创意点子从脑子"搬上"桌子，让越来越多的原创者自愿通过网络公开和分享自己创意源代码[23]。自1981年在德国柏林诞生全球第一家创客空间后，"创客空间"概念随后在世界各国传播并引发热议。"创客空间"（hackspace、hacklab、makerspace、creative space，也有人译成"制造空间"）是美国图书馆近年来开展的一项创新服务。此项服务的目的是吸引具有计算机、艺术设计、手工制作等共同兴趣爱好的群体通过分享软件、硬件和设计观念进行聚会、社交、协同创作等活动。创客空间常被视作开放社区的实验室，整合了机器工厂、工作坊和工作室的元素，人们可以在其中分享资源和知识，以制造事物[24]。截至2012年4月，全世界范围内建立了超过500个创客空间组织。图书馆提供创客空间开创了图书馆新的服务类型，充分发挥了图书馆空间激发创新力的作用[25]。有专家预言，未来10年，"创客运动"者们将推动网络的智慧用于现实世界，让数字世界真正颠覆现实世界，推动划时代的全民创造新浪潮，掀起新一轮工业革命。

1.3.4 泛在空间

"泛在图书馆（ubiquitous library）"是数字图书馆发展历程中提出的又一新概念，是以用户为中心、重构用户需求服务方式的图书馆服务新模式，主要体现在服务范围、服务对象、服务内容、服务功能、服务空间、服务手段和服务机制等的泛在化[26]。泛在空间是由网络设施、硬件、软件、信息资源和人有机组成的新一代的知识基础设施。它是一个无所不在的、自然的、易于使用的学习环境，任何人都可以在任何地方、任何时间、以他们身边的便携式设备来获取他们所需要的信息资源。

1.4 图书馆空间建构特性

图书馆作为城市社会空间的重要组成部分，社会物质文明与精神文明的载体，其物理形态具有鲜明的时代气息，是适应社会发展与建筑技术进步的一种体现。大学图书馆不单纯是一个简单的公共空间或是一个文化建筑，还折射出这个大学的发展历史、学术水准和文化品位。徒有其表、忽略功能和空间规划的图书馆建筑，就会失去其本身的价值与意义[28]。因此，大学图书馆在新建、改建或重建时不仅要考虑空间建构的亲近感、便捷性、舒适性、适应性、整体性和炫动性[29]，还要综合考虑公共性、共享性、多样性、开放性和可拓展性等空间构建特性。

1.4.1 公共性

公共性是人们之间公共生活的本质属性，它表现为在公开环境中形成一种共识以及维系人们之间共同存在意识的过程。公共空间对于处在其中的每一个人来说都是一种重要资源[30]。在现代社会文明发展下，空间的公共文化特性逐渐受到重视。大学图书馆作为图书馆的重要类型之一，是社会的知识共享空间。现代大学图书馆空间公共性不仅指图书馆拥有开放的公共空间，还有向社会开放的城市空间特性。基于当代图书馆空间公共性的设计思路，21世纪的图书馆都会设计出不同于传统意义上的公共空间活动区域和家具、设施，如宽敞的大厅、明亮的展示区、舒适的休闲座椅、雅致的咖啡厅和现代化的多功能厅以及洒满阳光的室外露台等，无不表现出当代图书馆是一个面向城市开放的公共建筑，一座文化中心，而不是仅仅供学生读书学习的封闭空间。

空间公共性是图书馆空间价值判断的一项重要维度，直接的反应就是空间设计和布局对读者公共交往活动需求的满足。作为公共文化空间的大学图书馆应充分体现其自由、平等、公益、开放、人文等文化特质，满足人们学习、娱乐、休闲、交流、沟通等多种需求的功能，为读者提供讲座、论坛、表演、培训、展览、读书会、沙龙等文化活动，使物质空间与社会公共生活之间形成很好的互动融合。因此，图书馆必须重视公共文化空间的公共"场所"建设。图书馆的建筑和设备要先进、方便、适用、美观，体现人文关怀；图书馆的环境设计要体现出公共、开放、公平、温馨、亲切和文化；图书馆的资源要数量丰富、质量优良、结构合理、方便实用；图书馆的工作人员要提供热情周到和富有知识含量的服务。只有这样，图书馆那些具有公共特性的空间才有长久的吸引力[31]。程焕文在参观广州图书馆新馆时认为，越是到了数字化、网络化的时代，人们就越需要实体性的公共图书馆。人们对公共空间的心理需求，其实比虚拟空间更为强烈[32]。这说明了图书馆构建公共空间的重要性。

1.4.2 共享性

空间共享特性不仅指物理空间的使用属性，也包括虚拟空间中的各种资源。"Commons"可译为"共有"、"共用"、"共享"之意，原属于法律与经济解释范畴，是那些不属于任何人但可以无限制地被他人使用的东西。在世界日益全球化的今天，"共用""共享"概念越来越受到人们的重视，人们希望更大程度地共同拥有和分享各种资源，包括公共空间、公共设施、信息资源、学习资源、研究与创作等各个方面。Commons概念研究者将共有的理念应用于文化信息领域，从而形成了信息共享空间（Information Commons）的概念。随着科学技术的不断进步，云服务模式已成为数字图书馆资源共建、共享的协作平台，基于互联网的泛在化服务使任何用户都可以在任何时间、任何地点通过任何图书馆的云服务开放获取共享资源。当前，开放获取和知识共享是图书馆空间服务中两个重要概念，充分说明了图书馆空间共享特性的存在意义。

Creative Commons（简称CC），中国大陆正式名称为知识共享，台湾则称为创用CC，一般用于设计、摄影、图片作品的开放式分享，既是一个非营利组织，也是一种创作的授权方式。知识共享许可协议（Creative commons licence），不仅使作者保留对其作品的版权，赋予出版商非排他性的出版权，同时也允许对原文进行编入教材、数据库重复使用、重复传播等非商业性使用[33]。自由的知识传播方式带来了丰富智慧累积，达到知识和认知的共用、共享，这也正是Commons理念所在，推动着人类社会文化的不断创新[34]。

1.4.3 开放性

现代图书馆舍建设以面向读者开放为主旨，顺应业务和管理的需要，实现藏借阅合一、增大开架比例，在设计上广泛采用大开间、统一进深的高效、灵活以及空间高利用率的模数式图书馆建设模式。80 年代，开架式管理和模数化设计的概念才开始从欧美等国家引进，大开间建筑模式与图书馆服务功能相结合，使得固定功能区域划界消失，先进建筑理念在图书馆建设中得以实现[35]。

开放性空间构建理念是图书馆场所服务发展的必然要求，也是图书馆发挥社会职能的需要。空间的开放程度，决定着读者接受图书馆服务的主动性和积极性。空间开敞、视线通畅、无人为障碍、无管理限制等因素都会体现出空间开放性特征。人、书、空间的合一开放原则，使图书馆服务空间成为读者人性化、便捷性的学习空间。开放性图书馆是把传统图书馆静态的、固定的场所改变为动态的、灵活的开放空间体系，在未来发展中以适应系统的动态发展。图书馆空间的重组再建构，开放性将是图书馆空间未来发展变化的主体[36]。

1.4.4 多样性

图书馆是一个传承文化、产生思想、辅助创新的地方，其文化性、知识性和多样性功能不可替代。图书馆空间建构应考虑多元化、多样性的空间布局，让有不同需求的读者享有平等的学习环境，图书馆应该开辟"网络空间"、"心理空间"、"生活空间"服务站，以"空间"再造为出发点和归宿服务于大众，把有限的空间打造不同的功能分区，同时拓展引导学生学习思考、培养学生创造力的无限虚拟空间[37]。图书馆空间设计要符合读者的学习研究要求和特点，为读者提供人性化和富于人文气息的软硬件环境，营造出休闲空间、文化和 IT 设施等为一体的复合智能空间，打造一个以读者需求为中心的，使读者可以不受时间和地点的限制，可以随时随地获取自己需要信息或服务的智能图书馆[38]。

1.4.5 可拓展性

图书馆作为一个生长着的有机体，重藏轻用的空间布局只能单纯实现藏书规模的增加，只有藏用并举，面向读者开放的空间观，才能实现图书馆作为社会机体的成长。约翰·罗贝尔在解释路易·康对于机构的观点时曾说，"唯有服务于一个有生命的机构，一栋房子才有意义"，当代图书馆各种共享空间建设的成功案例向我们证明了：图书馆的建筑空间只有赋予各个发展阶段的服务内涵才具有激发其自身生命的能力。日本当代著名建筑师伊东丰雄认为，21 世纪建筑不应该是冷冰冰的机器，而是融于自然和社会的[33]。当今，人、建筑和自然环境结合的协调、可持续已成为一种发展思路，图书馆的服务空间也应该根据用户的体验模式的需求进行功能分区。

思考 21 世纪世界建筑发展趋势和积极应对全球变化的信息环境，空间构成将蕴藏着对未来社会及人们生活方式的预告。随着信息资源共享理念的普及和公共文化服务体系的完善，大学图书馆向社会公众开放的理念和模式将得到社会各界的广泛认可和实施，"图书馆应该向一切研究人员开放"也是顺应时代的需求[40]。大学图书馆具有丰富的馆藏资源和浓厚的学习氛围，不仅是促进全民阅读的最好学习场所，更是社会公共文化服务体系的重要组成部分，大学图书馆应该敞开大门为各类研究人员提供方便、快捷和个性化的空间服务。

第二节　图书馆的共享空间服务

近些年来，图书馆服务经历了从"文献服务"到"信息服务"再到"知识服务"的发展阶段，无论是哪个阶段，图书馆服务都始终离不开具体的服务空间和场所。特别是随着现代信息技术的快速发展、互联网的普及应用、数字资源的快速增长和教学模式的巨大变革，"空间服务"成为了图书馆服务的新内容和新趋势。而"共享空间（Commons）"则是顺应这一趋势而产生的图书馆新的服务模式。尤其是进入 21 世纪以来，"以建构主义为代表的现代协作式和探究式学习理论在教育界日渐盛行，教学模式从'以教学为中心'转向'以学习为中心'，课堂之外的协作式学习已成为学生求学生涯中的重要组成部分"，[41] 图书馆必须适时调整其服务方式和空间布局，以满足读者对信息资源、信息技术、协作环境和学习指导的综合需求。在这一背景下，共享空间在现代图书馆迅速而又广泛地发展起来。

对于"共享空间"内涵的解读和概念的诠释，不同的学者给出的答案不尽相同，但其本质却是共通的。简言之，共享空间实质上就是资源共享理念下的图书馆空间服务，是整合空间、资源和技术服务为一体的服务体系，开放、共享、合作、协同是其基本特征。具体说来，共享空间则是在空间优化、资源支撑、技术保障基础上的创新服务环境的构建，它有效地优化、整合、组织了图书馆的服务空间，给用户和读者提供了一个集成化、一站式的信息资源服务与学习研究场所。"共享空间"也并非一个静止的概念，随着对空间服务研究的深入和应用拓展，它的内涵和外延也将不断地发展变化。

从 1992 年 8 月美国爱荷华大学图书馆开放可以看做是最早的共享空间的"信息拱廊"（Information Arcade）算起，图书馆共享空间已经走过二十余年了。在这二十多年里，图书馆的共享空间经历了信息共享空间（Information Commons）、学习共享空间（Learning Commons）、研究共享空间（Research Commons）、知识共享空间（Knowledge Commons）等多种发展模式，并日益走向成熟。

2.1 信息共享空间（IC）

2.1.1 IC 的产生

信息共享空间是图书馆共享空间最初的发展模式，它起源于20世纪90年代，信息技术革命、开放获取运动和共享式学习的大背景催生了这一新服务模式。1992年8月，爱荷华大学哈定图书馆投资75万美元，与学校信息技术办公室（OIT）和学院合作组建了"信息拱廊"，这被看做是全球最早的信息共享空间。爱荷华大学图书馆也因此获得了1994年美国图书馆协会颁发的"未来奖"。而第一个明确提出"Information Commons"这一概念的是美国北卡罗来纳大学图书馆的唐纳德·比格（Donald Beagle）教授，1999年，他在《定义一个信息共享空间》一文中对信息共享空间概念的两方面内容进行了论述和说明：其一是一个独特的在线环境，通过这个环境用户可以获得和共享多种资源和服务；其二则是一种新型的基础设施和空间实体，例如图书馆的一个部门、一个楼层或者一个独立的楼宇。[42]这篇论文在信息共享空间研究史上具有里程碑式的意义，开辟了图书情报学中"信息共享空间"这一全新的研究领域。

2.1.2 IC 的理论内涵

自"信息共享空间"这一概念产生那天起，为它下一个定义就成为了专家学者研究的一个重要命题。由于角度和出发点不同，所下的定义也就五花八门，未有定论。2008年，贝利（Donald Russell Bailey）和提尔内（Barbara Gunter Tierney）对信息共享空间进行了最广泛意义上的定义，即"为学习者提供集成访问电子信息资源、多媒体资源和纸本资源的信息服务模式"。[43]而国内对信息共享空间颇有研究的上海大学图书馆副馆长任树怀则将其定义为：一个经过特别设计、确保开放存取的一站式服务设施和协作学习环境，它整合使用方便的互联网络、功能完善的计算机软硬件设施以及内容丰富的知识库资源（包括印刷型、数字化和多媒体等各种形式），在技能熟练的图书馆参考咨询员、计算机专家、多媒体工作者和指导教师的共同支持下，培养读者信息素养，促进读者学习、交流、协作和研究。[44]

随着用户对协同学习需求的增加、信息技术和多媒体技术的发展和开放获取运动的兴起，信息共享空间的研究得到了进一步发展，其理论体系也经过国内外众多学者的不断归纳、总结和扩展而逐步形成。其中，比较有代表性的国外学者有比格（Donald Beagle）、贝利（Donald Russell Bailey）、提尔内（Barbara Gunter Tierney）、邓肯（Jim Duncan）、伍兹（Larry Woods）、库奇曼（Alec Couchman）等，国内学者有任树怀、陈进等。

比格（Donald Beagle）、贝利（Donald Russell Bailey）和提尔内（Barbara Gunter Tierney）在2006年提出了信息共享空间的三层次模型，[45]即物理层（Physical Commons）、虚拟层（Virtual Commons）和文化层（Cultural Commons）。物理共享空间指的是包含了技术、资源、工具和教师指导的特定的物理设施和开放获取区域，提供馆藏资源、学习空间、培训空间等相应的设施和环境导航、参考咨询、知识创新等相应的服务，它可以是图书馆的一个特定区域、特定楼层，也可以是一个独立的建筑。虚拟共享空间指的是一种独特的在线环境，利用这个网络平台，读者可以利用搜索引擎获取信息和传播知识。在虚拟共享空间里，用户不仅可以使用馆藏的数字资源，还可以充分利用互联网的各种资源，包括社交网络、认知工具和群体协作软件等。文化层是信息共享空间的最高层，涉及社会、政治、法律、学术、出版等诸多方面，范围也最为广泛，是一个可自由讲演、共享知识和进行数字时代创造性表达的共享空间，也被称作创作共享空间。

几乎在同一时期，邓肯（Jim Duncan）和伍兹（Larry Woods）也构建了信息共享空间"物理层、虚拟层、支持层"的三层次模型，库奇曼（Alec Couchman）则阐述了信息共享空间"物理层、虚拟层、社会层"的三层次模型，这几位学者所提出的"物理层"和"虚拟层"与比格（Donald Beagle）三层次模型中"物理层"和"虚拟层"的概念大同小异，只是对于第三层次的内容有着自己的见解和认识。邓肯（Jim Duncan）和伍兹（Larry Woods）认为信息共享空间第三个层次是"支持层"，强调提供支持服务的人力资源，比如参考馆员、计算机专家、指导教师、学生助理和行政管理人员等；库奇曼（Alec Couchman）则提出信息共享空间的第三个层次是"社会层"，认为社会活动对学生的生活至关重要，信息共享空间应加入社会服务功能，通过虚拟、物理和社会层面的紧密结合满足学生的需求。[46]

随着信息共享空间的概念引入国内，任树怀在图书馆2.0研究的基础上，也提出了一个"以用户为中心"和"因需而变"的信息共享空间"实体层、虚拟层、支持层"三层次模型，每个层次的内容较之前则更为具体和丰富，他明确指出，实体层的内容包括开放获取区、交流区、讨论室、研究室、电子教室、指导室、多媒体室、咖啡吧、咨询台、计算设施、无线网络、休闲区等，虚拟层的内容包括即时通讯、博客、维基、OPAC、Flickr、社会网络、知识库、虚拟参考、兴趣小组、聚类、书签、推荐、共享、数字图书馆等，支持层的内容包括技术应用与支持、服务组织与结构、服务规范与准则、运行制度、激励与培训、评价体系、组织精神、道德规范、价值观念等。[47] 而上海交通大学图书馆馆长陈进则跳出了比格（Donald Beagle）奠定的层次理论模式，另辟蹊径，将两个 IC，即"信息共享空间"（Information Commons）与"创新社区"（Innovation Community）融合起来，建立了一种独特的 IC^2 模式，使两个 IC 各自具备的优势得到最大程度的发挥。[48][27]

2.1.3 IC 的实践发展

信息共享空间产生之后便在全球范围内得到了迅速的推广和发展，引发了一股全球化的发展潮流，世界许多大学和研究所都引进了这一服务模式，美国、加拿大、英国、澳大利亚、新西兰、德国、爱尔兰、印度、韩国、新加坡、日本、台湾和香港的许多图书馆都建立了具有自己特色的信息共享空间。在这一大潮的影响下，中国内地也开始逐渐关注 IC 服务。2005 年，上海图书馆馆长吴建中第一次用"信息共享空间"一词来命名"Information Commons",[49] 从而开启了信息共享空间在国内研究和实践的新阶段。此后，国内陆续有众多高校图书馆都开展了信息共享空间服务，如中国科学院国家科学图书馆、北京大学图书馆、清华大学图书馆、复旦大学图书馆、上海师范大学图书馆、国家图书馆、上海交通大学图书馆和中国人民大学图书馆等。

国内外各地区比较有代表性的 IC 有：（1）美国北卡罗来纳大学 Charlotte 分校（The University of North Carolina Charlotte，UNCC）的 IC，开放于 1999 年，是在比格（Donald Beagle）的领导下创建的，位于 J. Murrey Atkins 图书馆的 1—3 层，配有 290 台台式计算机和 50 台笔记本电脑，它的模式后来成为了许多大学图书馆建设 IC 的模板；（2）英国谢菲尔德大学（The University of Sheffield）的 IC，开放于 2007 年，是英国引入 IC 比较早的学校，规模非常引人注目，因为它使用了一整座七层高的建筑来作为 IC，拥有超过 1 300 个学习空间，配有 500 多台计算机，藏有 10 万册书籍，服务和技术也都是目前最先进的；（3）香港岭南大学的蒋震资讯坊（Chiang Chen Information Commons），开放于 2005 年，拥有 12 个多媒体制作室、4 个小组讨论室和 1 个参考工具书库，配有 40 台计算机，是香港最早创建的运作比较成功的 IC；（4）

复旦大学视觉艺术学院图文信息中心的"信息共享区",开放于 2006 年,是国内第一个信息共享空间的雏形,经过不断改进,现已拥有 500 余平方米的面积,并设有 2 个研讨室、1 个多功能厅和 1 个休息区,配有 40 台计算机,提供参考咨询、多媒体服务、IT 技术支持等多项服务。

2.2 学习共享空间(LC)

2.2.1 LC 的产生

学习共享空间是在信息共享空间基础上发展起来的新的信息服务模式。它的产生与以下两方面因素的推动有关:

(1)建构主义(constructivism)学习理论的影响。建构主义学习理论也称结构主义,其最早思想可追溯到著名心理学家皮亚杰(Jean Piaget)的认知发展理论。建构主义学习理论认为,"知识不是通过教师传授得到,而是学习者在一定的情境即社会文化背景下,借助学习过程中其他人(包括教师和学习伙伴)的帮助,利用必要的学习资料,通过意义建构的方式而获得的。因此,建构主义的学习就是在一定情境即社会文化背景下,借助其他人的帮助即通过人际间的协作交流活动而实现的意义建构过程,其中,'情境'、'协作'、'交流'和'意义建构'是建构主义学习理论的四大要素。"[50]特别是进入 21 世纪后,以建构主义为代表的现代协作式和探究式学习理论在大学教学中盛行起来,并受到普遍关注和认可。而社会建构主义所倡导的"社会成员之间的相互作用对知识建构具有更加重要的作用"和"合作学习是一种重要的学习策略"促进了学习共享空间的产生,并成为了学习共享空间建设的重要理论支撑。

(2)人本主义(humanism)学习理论的推动。人本主义学习理论建立在人本主义心理学之上,代表人物是美国心理学家马斯洛(A. Maslow)和罗杰斯(Carl R. Rogers)。人本主义学习理论强调人的自主学习,认为学习者有能力进行自我教育,发挥自身的潜能,并最终达到"自我实现";人本主义学习理论还有一个非常著名的观点,即"以学生为中心",这是罗杰斯提出来的,这一观点认为,在教学活动中,学习者才是中心,只有自动自发的学习活动,才会使学生全心投入、思考问题和获得知识,教师仅仅起到辅助作用,这就将学生的"被动学习"转变为"主动学习",使学生在学习过程中更有动力。"自主学习"和"以学生为中心"对学习共享空间理论的提出具有重要的指导意义。

在建构主义学习理论和人本主义学习理论的推动和影响下,一些学校的信息共享空间加入了自主学习、合作学习的活动和内容,更加强调对学习过程的全面支持,更加鼓励个性化学习和小组协作学习,从而形成了一种新的共享空间模式,即学习共享空间。

2.2.2 LC 的理论内涵

学习共享空间作为信息共享空间的发展和延伸,在理论内涵上与 IC 有着一脉相承的关系。早在 2004 年,比格(Donald Beagle)就在美国南加州大学举行的信息共享空间学术年会上用组织变革理论阐释了从"信息共享空间"到"学习共享空间"发展的四个阶段,认为"信息共享空间"处于高校组织变化的第一阶段"调整期"和第二阶段"独立变化期",而"学习共享空间"则处于第三阶段"深远变化期"和第四阶段"转型变革期"。[51] 随后,2006 年他又在《信息共享空间手册》一书中分别对"信息共享空间"和"学习共享空间"的概念进行了论述,指出"信息共享空间"是"一组网络接入点和相关的 IT 工具,与物理、数字、人类和社会资源相关联,而这些资源是为了支持学习而组织的",而"学习共享空间"则是"把信息共享空间的资源组织起来,配合其他学术单位主办的学习活动,或一致形成合作的学习成果"。[52]

并非只有比格一个人关注学习共享空间,在比格之后,国内外也有许多学者对学习共享空间的概念内涵提出了自己的看法,如:麦克马伦(Susan McMullen)认为 LC 是一个为学生获取信息提供丰富的学习环境支持,帮助他们发展批判式思维和多样化读写技能,并鼓励通过询问、协作、讨论和咨询来促进学习的充满魅力的空间;[53] 雷吉娜(Regina L. R)将 LC 定义为一个为学生、教师、馆员提供交互学习工具进行知识创造的实验室;[54] 邹凯等认为"学习共享空间是指一个社会网络环境下整合所有支持学生学习的资源集合";[55] 任树怀为学习共享空间下了一个较为全面的定义,即"一个以学生为中心和支持开放获取的协同与交互式学习环境,一个为教育和学习(包括做功课、写作、研究、辅导、群组项目、多媒体制作等)提供学术支持的学习场所,一个引人入胜、充满活力与温馨的学习、协作和交流的社区"。[56]

从不同学者对学习共享空间概念的描述,我们可以看出它与信息共享空间的一些相同之处和不同之处。相同之处是明显的,它们都是共享空间服务的发展模式,一般认为,学习共享空间包含了信息共享空间的所有方面,虽然这种说法过于绝对,有待商榷,但它基本上反映了二者之间的承继关系,学习共享空间所使用的技术和资源平台可以说都是信息共享空间提供的。不同之处也有很多，主要体现在以下几个方面：

（1）组织原则不同。在空间服务的组织上，信息共享空间强调的是"信息"和"技术"的融合，目的是运用先进技术手段将其打造成一个信息共享、资源共用的一站式服务平台，通过参考咨询、现场交流和在线交流的方式帮助用户获取所需的资源和信息。而学习共享空间强调的则是"以学生为中心"、"自主学习"和"合作学习"，目的是借助各种技术工具打造一个全面支持学习、指导学习的环境平台，以促进用户协同式学习目标的实现。

（2）参与范围不同。信息共享空间的参与主体主要是图书馆和IC用户，活动也都在图书馆内进行，主要是通过图书馆内部各部门的合作来满足用户的需求，完成工作任务，功能和活动范围相对封闭，较受局限。而学习共享空间的参与范围扩大了，加入了学校的其他机构和部门，例如网络服务部门、教学服务部门等，并通过它们的支持和参与来帮助用户完成学习活动，真正实现了与学校的公共服务体系的融合。

（3）空间构建不同。学习共享空间与信息共享空间在构建方式上有一些区别，而这也是由LC的特性决定的。李瑛认为，学习共享空间应从"实体环境、虚拟环境、支持环境"三个方面进行构建，[57]实体环境由协作学习空间、开放获取空间和社交休闲空间等组成，虚拟环境由虚拟社区、在线交流与学习工具、数字资源与学习课程等组成，支持环境由信息技术、组织与管理、文化与精神等组成；邹凯则指出，学习共享空间主要应包含八个部分，即计算机工作室、综合服务咨询台、协作式学习空间、投影中心、指导性技术中心、电子教室、写作辅导空间、咖啡厅和休闲区。[55]综合二人的观点，虽然他们对LC的空间分类不同，但包含的主要内容是基本一致的，对比前文信息共享空间的构建模式，我们可以看出，学习共享空间的空间构建有其自己的特点：一是在物理空间中加入了协作式学习空间，包括一些小型和大型的群组学习空间，如能容纳4－12人的小组讨论室等，促进了协作式学习和交互式学习的实现；二是在虚拟空间中加入了学习社区、在线学习工具和网络学习课程，培养用户的学习能力，帮助用户分享和完成学习任务；三是加入了对学习活动的教学指导和技术支持，在鼓励用户自主学习的同时提供有力的学术支持，始终为用户的学习活动服务。

揭示了学习共享空间与信息共享空间的不同之处，我们也就明确了学习共享空间的内涵、特性和架构，也就抓住了学习共享空间的理论内核。综合考虑，我们认为学习共享空间是图书馆和学校相关部门深度合作构建的一个以学习者为中心，以"自主学习"和"合作学习"为主要方式，以"知识发现和创造"为主要目标,并融合了学术支持与教学指导的协同交互式的动态学习空间。

2.2.3 LC 的实践发展

在共享空间建立之初,其实有许多学校的共享空间就以学习共享空间为名了,虽然并不具备我们上文所说的学习共享空间的一些特征和功能,例如 1999 年春美国加州州立理工大学肯尼迪图书馆(California State Polytechnic University Kennedy Library)建立的 LC (Learning Commons)。这是因为最早的信息共享空间和学习共享空间的界限比较模糊,时常混用,直到 2004 年之后,随着对这两个概念的关注和研究的增加,LC 才在 IC 中分离出来,有了自己独特的理论内涵,成为了一种全新的共享空间服务模式,并得到了迅速的发展。许多大学也因此调整了自己的空间服务模式,新建了学习共享空间,或者是在原有信息共享空间的基础上改建、扩建成为了学习共享空间。

国内外各地区比较有代表性的 LC 有:(1)澳大利亚维多利亚大学(Victoria University)的 LC,开放于 2005 年,投资 310 万美元对原有的信息共享空间进行了改造,建设了全新的学习共享空间,拥有 600 余台计算机、吊舱式工作站和休闲区,实行图书馆、信息技术服务部门和教学支持部门共同管理的模式,最大限度地为学生提供了学习援助和技术支持;(2)加拿大皇后大学(Queen's University)的 LC,开放于 2005 年,由图书馆、IT 服务中心、学习策划发展部、助残中心、写作中心五个机构联合组建,特色服务是增加了学生助理;(3)香港城市大学的 LC,开放于 2005 年,投资 1500 万港元,设有一个 LC 椭圆厅学习区、21 个个人学习室、2 个小组讨论室、1 个写作试验室、1 个语言表达训练室,还为残障人士专门设立了 3 个特殊服务室;(4)中国科学院国家科学图书馆的 LC,开放于 2010 年,占地 400 多平方米,国家科学图书馆原本是有 IC 的,随着共享空间服务向"以学习者为中心"转变,为了满足用户自主学习、协同学习的需求,国家科学图书馆又新建了一个 LC,比较有特色的是融入了社会团体和个人的参与,还建设了"E 图淘宝"、"学研交流"等虚拟服务平台。

2.3 研究共享空间(RC)

2.3.1 RC 的产生

研究共享空间是在信息共享空间的基础上产生的共享空间服务模式。它的产生,与以下两方面因素密切相关:

(1) 科研人员、教师和学者对图书馆学术信息资源与服务的需求增加。科学研究是现代大学的基本职能和重要使命，大学更是推动基础研究、培养创新人才、实现原始创新的重要基地。随着高校科研工作的发展，大学图书馆用户的需求层次不断提高，原有的 IC 或 LC 模式已不能满足他们在科研方面的需求：一方面，IC 模式虽然为他们获取信息资源打开了方便之门，但其服务往往只停留在很浅的信息层次，缺少一定的深度，尤其缺少对科研过程的协助和学术交流的支持，LC 模式虽然增加了对学习活动的支持和指导，但主要针对的是本科生，指导的层次不高，没有触及科研活动，而科研用户不仅对学术信息资源的获取与使用存在旺盛需求，而且对与同行或专家之间的交流与合作有较高的期待；另一方面，IC 模式中参与的人员主要以参考咨询馆员、IT 专家、多媒体技术人员为主，LC 模式则增加了指导学习的专家和学生助理，但它们都缺少一支由各专业领域的专家组成的学术服务团队，来为大学的科研人员、教师和学者提供专业化、深层次的科研服务。

(2) 数字图书馆、社会网络、开放获取理念以及共享空间模式的迅速发展和成功实践为研究共享空间的建立准备了条件。在这些技术没有实现之前，用户即使产生了学术科研共享的想法，也无法付诸实践，一是缺乏相应的技术，二是缺乏志同道合者。信息技术和通讯技术的进步一方面为学术共享空间的构建提供了有力的技术支持，另一方面也营造了一种全社会共享的良好氛围，这些都使得研究共享空间的建立成为了可能。

有了用户的需求，又有了成熟的条件，研究共享空间逐步发展起来，并成为了共享空间发展的新热点。

2.3.2 RC 的理论内涵

研究共享空间在名称上至今还没有一个统一的表述，它也被称作学术共享空间。在英文文献中，Scholarly Commons，Academic Commons，Research Commons，Faculty Commons 指的都是研究共享空间。

华盛顿大学（University of Washington）图书馆在栏目"什么是研究共享空间"（What is the Research Commons）中描述了研究共享空间的定义：它是一个将学生和教师组织在一起对各自的研究进行分享和讨论，并为他们研究的每个步骤（搜集文献、写作、出版、申请科研基金）提供支持的协同环境；是一个使学生和教师合作进行课题研究的空间；是一个可以为用户提供演讲机会和研讨室的空间；是一个可以帮助用户了解同行研究进展的空间。[58]

伊利诺伊大学（University of Illinois）则将研究共享空间定义为"一个由

学术专家、图书馆的学科专家和全校范围内的合作者提供支持服务,从而帮助教师、科研人员、研究生获取研究所需的权威数据、数字资源、学术交流、学术咨询的技术空间"。[59]

综合研究共享空间的产生背景和主要功能,我们认为,研究共享空间是一个借助专业的学术研究服务团队,为大学科研人员的研究活动和研究过程提供全面支持的共享空间。这些支持主要包括信息资源、信息技术、研究数据、研究工具、机构知识库等。研究共享空间有三个不同于其他共享空间的显著特征:(1)服务对象是特定的,即大学的教学科研人员;(2)服务的目标是促进学术资源共享、学术交流与研究;(3)服务团队加入了学科专家,服务更加的专业化、学术化。

研究共享空间的构建主要有以下两种模式:

(1)建设涵盖"一站式"学术支持服务的共享空间。它主要包括实体空间的建设、虚拟空间的建设和支持服务的建设三个部分。实体空间指的是学术协同研究需要的物理场所和设备,主要包括个人研讨室、小组研讨室、公共学习空间、计算机设备、多媒体工具、会议设备等;虚拟空间指的是研究过程中所需要的网络资源,主要包括文献研究的数据库、常用软件、数据分析工具、在线协同研究工具等;支持服务的建设主要指的是学术研究服务团队的构建,以及构建之后为用户提供的研究支持服务,如论文写作和发表指导、学术会议信息推送、科研基金申请帮助等。

(2)建设学术机构知识库(Institutional Repository,IR)。机构知识库是收集、展示机构智力成果并对其进行长期保存的大型数据库,是教学科研人员保存、共享和检索数字研究成果的平台,更是实现全球研究成果开放存取的基础。学术机构知识库是知识共享空间的一种形式,也是一种相对比较简单的形式,有一些大学的研究共享空间实际上指的就是学术机构知识库,如美国哥伦比亚大学(Columbia University)的"Academic Commons"。机构知识库主要包括三个方面的内容:一是科研用户在学术研究活动中创建的原始材料,如原创图片、创作底稿等;二是对学术研究和学术交流起参考辅助作用的论文、电子书、会议论文、视频讲座等资源;三是本机构成员的科研成果。其中,第三方面的内容是所有机构知识库共有的,前两个方面则不一定,要根据学术机构的具体情况来做选择。最终,通过对这些内容进行整理、组织索引和保存,实现本机构对这些数据资源的利用和共享。

2.3.3 RC 的实践发展

研究共享空间的服务模式迎合了大学科研用户的学术研究诉求,因此受到了广大教师、学者和科研人员的欢迎,自 2007 年起,世界各地开始陆续出现研究共享空间,不少大学都有了成功的实践。比较有代表性的研究共享空间有:(1)美国华盛顿大学(University of Washington)的研究共享空间(Research Commons),设有个人研讨室、小组讨论室、视频会议室、报告厅,空间中还加入了开放存取指南、SPSS 软件等研究工具以及博客,另外专门聘请学科专家为用户提供研究和写作技巧、演讲技巧、课题项目申报、毕业面试指导等培训课程;(2)加拿大麦科文大学(Grant MacEwan University)的研究共享空间(Faculty Commons),整体风格比较温馨,类似休闲茶座,服务内容却很全面,包括学术成果保存、课程、教学技术指导、科研项目指导、基金申请等,还制定了教师发展计划,建立了教师评价委员会;(3)南非开普敦大学(University of CapeTown)的研究共享空间(Research Commons),配备了先进的计算机工作站,设有个人研究室、小组研讨室和休息区,并加入了两个参考专家以提供专业化的支持。

这些研究共享空间一般都有着一些较为普遍的服务项目,如吴敏琦认为主要有以下四种服务项目:(1)数据服务(Data Services):获取教学和科研所需要的数据集合,查询、下载和准备数据以备二次分析使用,辨别和编制课程材料和教学工具,将科学研究当中产生的、有可重复利用价值的实验数据进行数据标准化、数据存储和处理,为该校的科研人员提供数据维护和数据检索等服务;(2)学术交流(Scholarly Communication):帮助研究人员选择研究成果的发表方式、刊物和传播途径;监控出版商的出版行为以保护研究人员的智慧产权;跟踪并使得研究人员知晓学术出版的最新发展趋势,以便更好地发表和传播其研究成果;(3)研究入门向导(Savvy Researcher):定期邀请专家、教师和研究生一起研讨科学研究和学术成就的问题,研讨的内容通常包括认识图书馆资源与服务、规划自己的科研项目、认识和了解本领域相关的研究人员、如何收集和使用数据、如何进行学术协作、如何进行学术交流以及如何发表和公布自己的研究成果等一系列科学研究过程和环节;(4)数字化服务(Digitization):提供高端的计算机、扫描仪等数字化设备、文献管理软件及其使用指导,以便教师、研究人员和研究生们对他们的研究资料进行数字化、编辑和整理,为进一步发表他们的研究成果做好必要的前期准备。[60]黄勇在此基础上,又加入了两种常见的服务项目,即:(1)技能培训服务(Skills Workshop):提供文献资料搜集、文献管理软件使用、学术成果发表、版权问题以及教育技术研讨等相关知识和技能培训服务;(2)个性化增值服务(Personal Growth Services):为个别对象提供定制的咨询、博士论文写作指导和协助、论文写作（writing clinics）诊断等服务。[61]

在我国，研究共享空间的概念是于 2010 年 7 月在上海举行的"学术共享空间"实践工作组的第一次会议上提出的，[62]目前还在探索和研究阶段，尚没有开展实践。不过，机构知识库作为研究共享空间的一种简单形式，已经在香港、台湾和内地的高校和研究机构开始兴起，如中国科学院机构知识库网格（Chinese Academy of Sciences Institutional Repository）、清华大学机构知识库等。

研究共享空间已经成为了当前共享空间发展的新热点，国内高校都在加快建设步伐，在不久的将来，研究共享空间和学习共享空间、信息共享空间将形成互补优势，共同来满足大学里研究性群体和学习性群体的不同需求。

2.4 知识共享空间（KC）

2.4.1 KC 的产生

与 LC 和 RC 一样，知识共享空间（KC）也是在信息共享空间的基础上发展而来的共享空间服务模式，强调对知识获取、共享和知识创造活动的支持。它的产生，主要源于图书情报界知识服务理论的兴起和发展。

自 1999 年任俊为发表"知识经济和图书馆知识服务"[63]一文以来，"图书馆知识服务"迅速成为图书情报界理论研究的热点并不断升温，十余年来有千余篇相关学术论文发表。知识服务就是指"以知识的搜集、组织、分析、重组的知识创新和服务能力为基础，依据用户的问题、环境，参与到用户解决问题的整个过程中，提供能够有效支持知识应用与知识创新的服务"。[64]随着信息共享空间建设的深入，用户获取信息和资源已经变得容易起来，但随之而来的，却是在众多信息和资源中进行选择的巨大困难，而且用户的需求日益多样化和专业化，需要高效、准确而又方便地获取信息和资源。知识服务理论的出现，为解决这一难题提出了一个新的方向，它与共享空间服务的融合促进了知识共享空间模式的产生。

2.4.2 KC 的理论内涵

知识共享空间，顾名思义，它所共享的对象不是信息、不是资源、不是技术，也不是学习任务、学习方式或学习成果，而是知识。这与前面介绍的信息共享空间和学习共享空间有着明显的区别。而且，知识共享空间所共享的知识指的也不是一般意义上的知识，而是"知识服务"中的"知识"，更详细地说，也就是一些经过了加工再创造之后而形成的知识元。了解了这一点,也就抓住了知识共享空间概念的关键。

知识共享空间最早其实是管理学中的一个概念,将它引入到图书情报领域也是近几年的事情,因此,对于图书馆知识共享空间的概念,学者们并没有形成统一的认识,而是大致分化为两种观点,我们将其称作"二层次"概念和"一层次"概念。前者认为知识共享空间包含"虚拟空间"和"实体空间",如李铮指出,KC不是电子阅览室和计算机实验室简单的组合,也不是虚拟资源概念下的数字图书馆,而是综合实体空间、虚拟资源和技术的开放存取环境下的信息共享空间;[65]而后者则认为,知识共享空间是一种"虚拟空间"或者"虚拟平台",目前国内最新的有关知识共享空间的定义是:KC即"知识共享空间(Knowledge Commons)",是基于知识整合,以知识为共享对象,以人为中心,以泛在知识服务为特征,以知识管理为目的的交互式网络虚拟空间。KC为泛在图书馆搭建了泛在知识服务平台,是泛在知识环境下知识转化的载体。[66]这一观点即是"一层次"概念的典型代表。

这两种概念本质上反映了知识共享空间发展的不同程度和不同层次,及其在相应程度和层次下的不同侧重点:在知识共享空间发展的初级阶段,由于信息技术和通讯技术的限制,图书馆和用户都需要有一个共同的活动空间来完成知识加工和知识创造活动,因此,这一时期的知识共享空间服务需要依托图书馆内设立的共享区域和图书馆创建的虚拟知识共享平台,而用户的活动也主要是在这两个区域范围内进行;而随着信息技术和网络技术的飞速发展,泛在图书馆理念兴起并得到广泛认可,知识共享空间逐渐突破了物理空间的界限,发展成为一个泛在的知识服务平台,在这一阶段,用户的活动不需要在某个实体空间或场所内进行,实体空间的作用开始变得可有可无,虚拟空间开始发挥主要作用,因此形成了以虚拟空间为重点的"一层次"概念。

由于对知识共享空间概念认识的差别,知识共享空间的构建模式也就有所不同。

对应"二层次"概念的知识共享空间结构包括知识共享平台模块、图书馆知识服务模块、图书馆用户休闲模块、图书馆知识共享空间运行激励模块、知识资源供应模块和研发模块。[67]其中,知识共享平台模块是核心,涵盖了个人知识活动室、团队知识交流协作室、知识指导培训室、学术报告室、自由聊天室、知识学习社区、知识交流社区、知识创造区等。"二层次概念"下的知识共享空间为了实现实体空间与虚拟空间的融合,还特别在实体空间设置了网络虚拟接口,通过有线网络和无线网络联接实体空间和虚拟空间。

对应"一层次"概念的知识共享空间在构建上则更注重泛在化知识共享和知识转化模型的架设。在这一模式中,用户获取知识、加工知识、转化知识、分享知识都突破了时空的限制,可以随时随地进行知识共享活动。知识共享空间的建设也紧紧围绕这个中心,所设立的知识交流区、科研服务区、文献传递区、在线学习区等网络区域都采用的是在线交流和在线管理的方式,充分体现了泛在图书馆的特征。

2.4.3 KC 的实践发展

由于涉及知识服务、知识加工和再创造,知识共享空间的建设比 IC 和 LC 都要复杂,也更为困难。目前,知识共享空间的建设仍处在起步阶段,仅是某些大学的信息共享空间开始触及到了知识共享的层面,而且也只是触及到了"二层次"概念的知识共享空间。而有些图书馆的共享空间虽然以"知识共享空间"为名,但其实并不具备知识共享空间的功能,如 2001 年南非开普敦大学开放的"知识共享空间"。而"一层次"概念的知识共享空间更是由于当前泛在环境还没有形成,所以还只是停留在概念阶段,无法实践。

不过,值得注意的是,虽然知识共享空间的建设是一个系统庞大的工程,实现起来比较困难,有的学校图书馆却从学科服务这个具体的方面入手,试图建设学科知识共享空间(Subject Knowledge Commons)。学科知识共享空间建设的一个主要方面就是学科化知识服务平台的建设。截至 2013 年 10 月,世界已经有 400 784 个学科化知识服务平台。国内如上海交通大学图书馆、北京大学图书馆等也都相继建立了学科知识服务平台。这些都为学科知识共享空间的建立奠定了基础。

2.5 共享空间实施案例

2.5.1 浙江大学信息共享空间

浙江大学信息共享空间(Information Commons,简称 IC)位于紫金港校区基础图书馆三楼,占地 1 300 平方米,于 2012 年 9 月建成并且正式对外开放。它是在原来的电子阅览室基础上进行改造,整合了丰富的网络资源,配备了多种专业的软件工具及性能优良的硬件设备,搭建的一个吸引、鼓励读者来此交流、合作、分享的信息化空间环境。IC 主要包括八大功能区:多媒体空间,知识空间,学习空间,研究空间,文化空间,系统体验空间,创新空间和社交空间[68]。IC 以用户为核心，基于合作共享的理念，为用户提供一个资源共享、信息交流、协作学习的一站式服务平台及多元的、创新的学习科研空间及活泼温馨的学习环境。

（1）IC 的空间布局[68]

浙江大学信息共享空间座位分布如图 4-1 所示，主要包括八个空间区域：

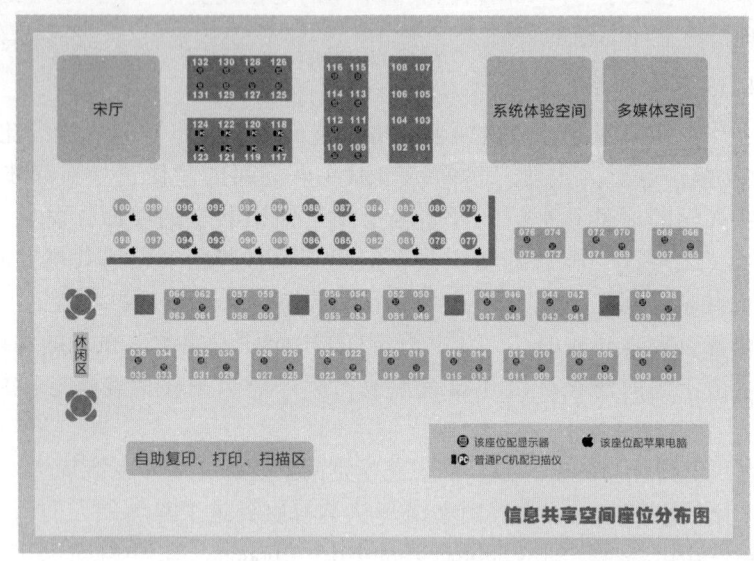

图 4-1 浙江大学信息共享空间座位分布图

①多媒体空间（Multimedia Commons）

多媒体空间是为了满足读者进行多媒体制作的需求而设置。该空间配备了 2 个多媒体编辑工作台和 1 个专业级小型放映室，如图 4-2 所示，提供专业的音、视频编辑软、硬件，支持读者多媒体制作的学习和实践需求，读者可以利用高性能的编辑设备和专业的编辑工具制作融文本、图像、动画、音频、视频等媒体格式于一体的作品，即可满足新闻、艺术等专业的多媒体作品的制作需求，还可满足其他专业学生、爱好者制作多媒体作品的一般需求。在该空间还可以进行影视欣赏课程和影视群体赏析活动。

②知识空间（Knowledge Commons）

知识空间是读者自主学习，提高信息素养，培养知识能力的地方。知识空间配备了 16 台苹果一体机，8 台普通电脑，还提供大视野的双屏幕，如图

图 4-2　多媒体空间

4-3 所示，预装了各种常用的计算机软件及 CAD、化学公式和数学公式编辑软件等专业化应用工具软件，充分满足读者对软、硬件的不同要求，为学习、科研提供全方位的支持和服务。在这里可以上网、自助打印、复印、扫描、检索和使用文献资源、查找所需信息等。

图 4-3　知识空间

③学习空间（Learning Commons）

学习空间提供小型的、相对独立的个人学习区域，它由几十个带隔断的独立小空间构成，如图 4-4 所示。空间配置了大屏输出设备，读者可以上网检索查询网络资源，也可以自带手提电脑使用。

④研究空间（Research Commons）

研究空间支持 6 到 10 人的研究团队进行小型研讨、项目演示和发表。包括 3 个小型独立的全封闭研讨室，每间可容纳 6 至 10 人，如图 4-5 所示。空间配置有投影机、白板、会议桌、网络接口等。该空间实行网上预约使用，预约时需要说明使用目的；每间研讨室使用者不少于 4 人，每次使用时间不超过 4 小时。

图4-4 学习空间

图4-5 研究空间

⑤文化空间（Culture Commons）

文化空间是支持举办小型讲座、报告和文化沙龙活动的空间，可容纳60—100人。包括宋厅、国立浙江大学时期藏书室、学术沙龙区等，如图4-6所示。"宋厅"珍藏有镇馆之宝——浙江大学唯一的宋版书《资治通鉴纲目》；国立浙江大学藏书室珍藏着浙大西迁岁月的木箱、珍贵图书和仪器等。

⑥系统体验空间（System Commons）

系统体验空间提供高性能的计算机服务器和存储阵列等硬件设备及相应的专业技术支持，如图4-7所示，是学生自己动手组建信息系统的空间；该空间还不定期举行IT技术交流会和新品发布会。

⑦创新空间（Innovation Commons）

创新空间是为需要长时间合作的团队和需要频繁讨论的团队提供相对稳定的中长期协作讨论、学习的空间，是支持创新性研究的协同工作学习环境。空间设有相对独立的火车座式的高靠背座位和圆桌讨论区，如图4-8所示，可以同时容纳六个团队。该空间可以为创新团队提供长期的空间支持，用户

第四章　空间与图书馆空间服务

图 4-6　文化空间

图 4-7　系统体验空间

预约成功后可以连续半年以上长期使用相对固定的独立空间。创新空间的使用以项目组或项目团队入住的方式使用，使用前需要提交详细的项目计划书，项目需要具有合理的预期目标。图书馆会不定期举办 Demo Day 活动，以促进创新空间的合理运转和使用。

⑧社交空间（Social Commons）

社交空间提供舒适的座椅、温馨的环境，是读者进行信息交流、知识分享和思维碰撞的场所。学生可以聚在这里，探讨他们共同感兴趣的话题，发表自己的观点看法、谈古论今、畅所欲言。

（2）IC 的使用方式和服务内容

浙江大学信息共享空间的所有区域都是以预约的方式进行使用，用户通过图书馆网站进行空间预约。进入信息共享空间，需到服务台刷卡登记，空间使用结束后到服务台刷卡退出。如果预约成功后不能按时到场需要登陆系统删除预约，否则将受到一周内不能进行预约的处罚。

图 4-8　创新空间

浙江大学信息共享空间以用户为核心，基于合作共享的理念，为用户提供一个资源共享、信息交流、协作学习的一站式服务平台及多元的、创新的、活泼的学习科研空间及温馨的学习环境。IC 主要为读者提供七个方面的服务：

①借阅服务

提供各类工具书、学科专业纸本书刊的阅览和电子书刊的在线阅览服务。同时提供平板电脑、电子书阅读器等手持阅读设备的借用。

②参考咨询服务

解答读者各种咨询问题，帮助查找国内外各种信息资源，提供文献检索、课题查新服务，免费提供信息研究咨询服务。

③多媒体制作服务

提供多媒体制作的各种软、硬件服务，包括提供多功能计算机、复印机、刻录机、扫描仪等各种载体的阅读和输出设备及专业的音视频编辑软件。同时提供相应的阅读、制作、打印、刻录等服务。

④学科导航服务

提供专业的学科化服务。包括学科资源的采集、加工、整理、组织及发布。建立学科专业导航，及时提供动态学科资源及信息。

⑤视听教育服务

提供免费的音视频资源的播放服务。包括精选的学科教育影视资料和多媒体课件资源。

⑥信息交流服务

提供信息交流的场所及环境。包括各种类型的研究学习讨论室，组织多种类型的学科讨论、讲座、报告等。

⑦信息素质教育培训

长期开展信息素养教育培训服务，举办提高读者的信息检索能力、信息检索技巧、数据库检索方法的讲座沙龙活动。

2.5.2 加拿大皇后大学学习共享空间

加拿大皇后大学学习共享空间（The Queen Learning Commons，QLC）是以学生为中心的、协同的、交互式的学习空间，拥有全面支持学习过程的温馨舒适的学习环境。它由图书馆、学习策略中心、图书馆助残服务中心、写作中心和学校IT服务中心五个部门共同合作建设，集成广泛的信息资源，通过五个部门的专家支持与指导及学生助理的参与，不仅满足用户"一站式"信息资源获取的需求，同时全面支持协同的学习研究过程。

（1）构建过程

加拿大皇后大学学习共享空间位于Stauffer图书馆一层，于2003年4月开始建设，总投资480万美元，分为两个阶段进行。第一个阶段进行LC的调研、规划，制定目标、任务、确定实施方案，并确定由图书馆、学习策略中心、图书馆助残服务中心、写作中心和学校IT服务中心五个部门合作建设LC。2005年9月，随着学习策略中心和写作中心的重新布置，LC第一阶段完成并正式对外开放，同时，启动了学生助理项目，吸引了学生使用LC这种新型的服务，建立了交互式的学习空间。第二个阶段正在进行中，已经完成的几个要素包括IT支持中心、图书馆助残服务以及IT支持呼叫中心的重新布局[69]。

（2）LC的构成及服务内容

加拿大皇后大学学习共享空间的构建除了具有信息共享空间的基本功能外，更加强调对协同学习过程的支持，不仅提供参考咨询、技术支持、信息资源的开放获取，还支持小组学习的交流、协作和指导，同时更注重不同合作部门的参与和指导，主要包括：

①学习策略工作室

由学习策略中心为学生提供学习技巧、考试技巧、研究论文的写作、学习安排、时间管理等方面的指导。

②写作工作室

由写作中心为读者提供全面的写作指导，包括怎样写论文、如何提高写作能力、论文写作的格式及写作技巧等。

③残障服务中心

由图书馆助残服务中心提供的适合残障读者使用的各种技术资料和预先制作好的表格,以便有残疾的学生获取。

④学生指导室

对一些学生进行一对一的指导和帮助。

⑤计算机技术指导室

由 IT 服务中心提供 IT 技术方面的服务,包括 IT 服务台和 IT 服务呼叫中心。在 IT 服务台,由学生助理为读者提供计算机软硬件相关知识的指导和训练,比如软件工具的使用方法、电子表格的使用技巧、演讲稿的制作与演示等。

⑥图书馆参考咨询室

由图书馆提供图书馆使用方法、数据库检索技巧、网络资源获取、学习资料参考指导等服务[70]。

⑦演讲角

演讲角位于 QLC 一楼的北侧,紧邻写作中心,提供了一个动态的空间,用于邀请嘉宾举办各种讲座报告。

⑧咨询台

包括信息咨询、研究帮助和 IT 咨询服务。信息咨询是由 QLC 学生助理帮助读者找到书籍和指引正确的方向;研究帮助是研究人员与读者进行交流和沟通,以促进研究工作的进一步深入展开;IT 咨询服务是对读者个人电脑的相关问题提供帮助[69]。

⑨个人学习和小组研讨室

包括自助学习大厅、个人研究室、小组讨论室。自助学习大厅也叫"集体学习区",配备高配置计算机,供学生小组讨论和协作学习,用于学习和完成作业。个人研究室可容纳 3 至 6 人小组研讨,配备与网络教室相连接的多功能电脑和投影机。小组讨论室可容纳 6 至 8 人使用,配备视听设备及个人笔记本电脑的有线、无线网络接入。

⑩多媒体制作区

由多台计算机工作站组成,配备了扫描仪、麦克风、各种媒体阅读器、CD、DVD 刻录机等,读者可以进行音视频格式的转换,视频的编辑和制作,图像文本的扫描等工作。

⑪娱乐休闲区

包括咖啡厅和文化展示区。咖啡厅是读者休闲阅读和饮水的地方。文化展示区有资料亭、艺术展览、公告板、宣传信息栏、信息发布屏等[71]。

(3) LC 的人员组织

学习共享空间由图书馆、学习策略中心、图书馆助残服务中心、写作中心和学校 IT 服务中心五个部门共同合作建设，协作管理，共同支持学习共享空间的运行。五个部门都有人员及学生助理参与到学习共享空间的服务中。

①图书馆员

负责提供图书馆咨询服务、解答资源检索、图书馆使用方面的各种问题。提供信息素养培训。主要由图书馆员担任，咨询台还配备学生助理，协助解答咨询问题。

②学习策略辅导人员

由学习策略中心派资深导师做学习技巧方面的辅导工作。

③特殊读者服务人员

由图书馆员担任协调员。

④写作辅导人员

由写作中心人员担任，配备副教授和资深人员担任写作辅导工作，学生助理协助完成。

⑤IT 服务人员

主要由学生助理担任，解答 IT 技术方面的咨询问题。

学习共享空间的协调与管理由执行小组、服务小组、咨询委员会、协调员几个服务组织合作来完成。执行小组负责学习共享空间的管理、设施和资金投入等；服务小组受执行小组领导，负责学习共享空间的服务和运行；咨询委员会提供学生和教职员在学习共享空间的咨询；协调员负责学习共享空间的日常管理[72]。

2.5.3 南非开普敦大学研究共享空间

(1) 构建背景

2006 年南非开普敦大学开始建设研究共享空间，2008 年 9 月建成正式开放。南非开普敦大学（UCT）的研究共享空间是由纽约卡内基公司资助的三个项目之一①，目的是为了建立专门的场所，配备训练有素的图书馆员提高对研究人员的支持。开普敦大学的项目包括三部分：图书馆员学术活动、研究门户和研究共享空间[73]。图书馆员学术活动建立图书馆员和南非著名的学者

---

① 三个项目分别是 Cape Town, KwaZulu-Natal, Witwatersrand。

的联系,让图书馆员深入了解研究人员的活动和研究过程,同时多批次派遣图书馆员去美国各个大学的图书馆进行交流学习。研究门户把数字资源集成进来,更方便读者的使用。研究共享空间提供对研究人员研究工作的支持。三个部分相互支持,相互依赖,其关系如图4-9所示。

图4-9 南非开普敦大学研究共享空间项目构成

(2) RC的空间布局及服务

研究共享空间是专门为高年级研究生和学术专家设计的学术研究空间,南非开普敦大学的RC位于Chancellor Oppenheimer图书馆的一个僻静的区域,它远离公共区域,能够为读者提供宁静舒适的环境。读者可以访问电子资源,进行科研论文的写作,科研人员之间可以进行自由的交流和讨论。南非开普敦大学的RC平面图如图4-10所示[74]。

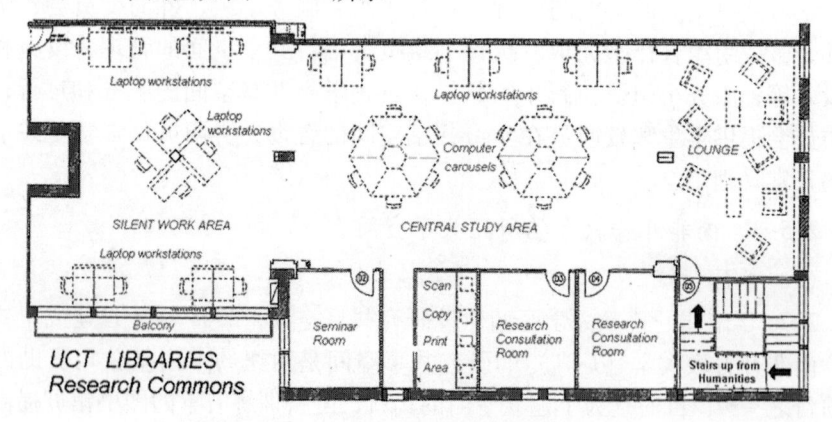

图4-10 开普敦大学研究共享空间布局

研究共享空间位于Chancellor Oppenheimer图书馆的6层,只对学术人员和硕士、博士研究生开放。在这里,具有丰富经验的图书馆员为特定的读者提供信息需求，满足读者深层次的专业化要求，满足学术研究的交流、协助、讨论的需要。研究共享空间的设施包括高端的个人电脑、笔记本电脑、高速互联网接入、打印复印机、扫描仪、研讨室和会议室等[74]，具体包括六个区域：

①安静工作区

配备了18张带有电源插座的个人学习桌，可以快速接入无线网络。

②中央学习区

由两个圆形的工作台组成，分别有6个座位，每个座位都配有戴尔电脑，电脑配置了19寸平面显示器，2千兆的内存，120 G 硬盘和 DVD 刻录机，安装了 Windows XP, MS Office 2007, MS FrontPage, Internet Explorer, Firefox, Opera, Statistica 8, SPSS 15, RefWorks 等软件。

图4-11 中央学习区

③会议室

设置了一间会议室，带有电源、网线插口、无线上网接入、白板和投影机。

图4-12 会议室

④研讨室

设置了两个研讨室，用于研究人员的自由交流。

⑤打印、扫描、复印区

配备有快速、高品质的打印机/复印机，惠普 8250 高清晰度扫描仪。

⑥休息区

配有 7 个舒适的椅子和一个沙发，一些参考书和期刊，还配备了泡茶和咖啡设施。

图 4-13 休息区

此外，研究共享空间还提供笔记本电脑租借服务，可提供 10 台华硕笔记本电脑用于租借。笔记本电脑配置为 1 G 内存，40 G 硬盘和 DVD 刻录机。空间还配备了 12 个储物柜。

2.6 共享空间的发展和未来趋势

随着共享空间模式的发展和不断完善，共享空间的建设有了一些新的进展，主要表现在：

（1）引进了 3D 打印设备。2010 年，意大利发明家恩里科·迪尼（Enrico Dini）设计了一种以数字模型文件为基础，运用粉末状金属或塑料等可粘合材料，通过逐层打印的方式来构造物体的设备，这就是 3D 打印机。美国内华达大学图书馆第一个将 3D 打印设备引入共享空间，很快，共享空间添加 3D 打印设备变成了一种趋势。

（2）推出真人图书馆（Living Library）服务。真人图书馆指的是读者通过与一个人或一群人进行直接交谈或视频交流来获得更多知识的服务模式。它的产生基于这样一种理念，即"我们每个人的经历本身就是一本书"。在这一服务模式中，用户借阅的对象不是纸本资源或电子资源等物品，而是一群人，而这些人往往在某一方面或某一领域有着丰富的人生经验。

真人图书馆强调沟通和分享的重要性，与共享空间的理念不谋而合，丰富了读者获得知识的方式，也增加了读者获取知识和人生经验的直观性、舒适性。在我国，上海交通大学于 2009 年 3 月首次引入了真人图书馆服务，受到广泛关注。这也逐渐演变成共享空间服务的一种新趋势。

（3）开展多媒体新技术体验和多媒体服务共享空间服务。为读者搭建一个新技术体验和学习平台，提供从多媒体资源采集、加工整理到存储发布的个性化、全流程服务，培养读者对多媒体资源加工制作的能力，激发读者对新媒体、新技术的兴趣和热情，已经成为共享空间建设的一个新思路。

美国的 YOUMedia 即是多媒体技术体验的一个典型项目。2006 年，芝加哥的麦克阿瑟基金会（MacArthur Foundation）进行了一系列有关年轻人参与和学习多媒体使用的研究，在此基础上，芝加哥公共图书馆的哈罗德·华盛顿图书中心（Harold Washington Library Center of Chicago Public Library）建立了第一个 YOUMedia 空间。YOUMedia 空间是一个帮助年轻人利用其中的技术和资源进行数字媒体创造的富于协作性和创造性的综合空间，在这一空间中，年轻人通过学习和体验，对多媒体技术的兴趣增加了，创造力也增强了。2010 年，YOUMedia 项目得到进一步推进，麦克阿瑟基金会与美国博物馆和图书馆服务协会（Institute of Museum and Library Services）准备合作在美国范围内建立 30 座 YOUMedia 中心。

国内的共享空间也逐步开始引入多媒体技术体验服务，如中国人民大学图书馆 2011 年搬入新馆后设立了信息共享空间，其中包含一个多媒体工作室，配有苹果图形工作站、音视频编辑软件、多媒体播放设备等，可供读者进行多媒体编辑、制作与测试。多媒体工作室开放后，许多读者在指导教师和工作人员的帮助下，通过小组讨论和合作，制作了一些水平较高的宣传片、纪录片。随着新技术的发展，图书馆的多媒体服务已经渐渐由资源服务拓展到技术服务，而共享空间中也将融入越来越多的多媒体技术体验服务。

多媒体服务共享空间是近年来高校图书馆普遍关注的新型服务方式，也是共享空间发展的一个新特点。它通过将图书馆的空间、多媒体设备和多媒体资源进行整合，形成一种全新的服务资源和服务方式，同时增加了图书馆共享空间的文化服务和社会公共服务功能，为高校用户提供了一个文化创意和交流空间。例如中国人民大学图书馆 2013 年推出基于多媒体服务空间的微服务，即是在这方面进行的有益尝试。

（4）设立"创客空间"（Maker Space），鼓励用户进行发明创造。"创客空间"是以用户创新为核心的一种空间服务，是创新2.0模式应用于共享空间的成功实践。它的理念与著名教育家陶行知"处处是创造之地，天天是创造之时，人人是创造之人"的思想有异曲同工之处，此外，它还包含着"乐于分享"的思想，主张在尊重首创精神的基础上分享自己的创造成果，这也是共享空间的一个重要特征。

2013年1月，在西雅图举办的美国图书馆协会仲冬年会上，"发展中的图书馆创客空间运动"成为研讨会的热点话题。美国许多大学的图书馆都已经引入了"创客空间"，并有了成功的实践，比如Allen County公共图书馆，与创客志愿者合作，构建了创客空间（Tek Venture），提供3D打印机、激光切割机、多有轴光机、超声焊接机、音视频编辑器等多种制造设备，开展珠宝、电子、金属、激光切割、木工、3D打印等50多个项目课题。DeLaMare科学与工程图书馆的创客空间则具有共享空间的一些典型特征，例如提供半开放或全开放的学习空间，还加入了对学生学习活动和教师科研活动的支持。

目前，创客空间的建设正在全球范围内如火如荼地进行着。创客空间在很多方面都表现出共享空间的特征，实际上是共享空间服务的一种新形式。它是未来图书馆空间服务的一个重要发展方向。

信息共享空间、学习共享空间、研究共享空间和知识共享空间都是共享空间发展的模式，有时间先后的差别，却并没有优劣之分，它们既相互关联又相互补充，满足了用户的不同需求。共享空间服务发展到知识共享空间，已经开始逐步突破时空的限制，构建的重点也从"实体+虚拟空间"而转向"虚拟空间"，服务的方式也开始趋向"泛在服务"。随着互联网应用3.0和第四代移动通信技术（4G）的形成和成熟，泛在的知识环境将最终形成，到那个时候，共享空间服务将有可能完全突破时空的限制，实现跨校区、跨地域、跨部门和跨学科的资源、服务、知识、技术的共享，从而形成一个巨大而又广泛的虚拟共享空间，也就有可能实现全球化的资源共有和知识共享，这将是共享空间未来发展的大势所趋。

第三节　图书馆服务评价与评估

在图书馆用户服务过程中，会产生许多用户需求及服务反馈意见，这些数据对图书馆来说至关重要。对图书馆活动和用户满意度数据进行系统地、持续地收集、整理和分析是创建图书馆评价文化的基础。

从1908年开始,美国研究图书馆协会(ARL)每年都会对其成员馆的馆藏数量、经费支出、人员数量和服务活动等数据进行收集、整理。自20世纪90年代中期以后,ARL收集的数据不仅包括图书馆的投入量记录,还包括了参考咨询量、课程数量等产出量的记录。目前,ARL正在致力于开发综合评估图书馆的用户满意度和服务效果的工具,其中包括已开发的"LibQUAL+TM"图书馆服务评价及改进工具等。Forrest and Bostick指出,图书馆正在由"服务提供者"向"学术合作者"转型,在设计服务及设施时考虑用户体验变得愈发重要,因此需要建立图书馆设施评估的文化,在评估中考虑图书馆环境设施所带来的影响[75]。这一观点与本书所提出的"空间服务"理念不谋而合。当前,图书馆会利用核查各种清单、用量数据和LibQUAL+工具等多种手段对图书馆服务进行定期或不定期评估,以期应对图书馆变革和改善图书馆空间服务。

我国的图书馆空间服务因为尚未有成熟的运行经验,所以关于其评价与评估只能停留在对此服务方式可行性的评估上。图书馆空间服务的评价与评估方法在借鉴传统图书馆服务质量评价与评估的基础上应有所改进与突破。

3.1 图书馆服务评价意义

齐向华指出,现有的图书馆服务质量评价主要有三个目的:①诊断性评价,即诊断图书馆服务上的不足之处,以及时采取改善措施;②横向比较,即比较不同图书馆间的服务水平;③纵向比较,即比较同一图书馆不同时期的服务水平,为预测本馆的服务发展及改进服务质量提供参考[76]。由此可见,利用图书馆服务质量评价与评估结果不但可以完善和促进图书馆不同时期的资源系统,同时还可起到指导决策、提升用户服务质量的作用,对图书馆建设的前瞻性、先进性和专业性,尤其是为信息共享空间等基础设施建设提供思路具有重要的意义。

空间服务作为图书馆提供的一种新型服务,当前更加注重为图书馆与用户之间、用户与用户之间的互动提供一种环境与空间资源,所以评价和评估空间服务的方法也应该有所创新,从传统的效率评价向更加灵活多变的评价体系转变。

3.2 图书馆空间服务质量评估体系

3.2.1 绩效评估体系(Performance Assessment System)

绩效,是指图书馆提供服务的效果和提供服务过程中资源配置及利用的效率。空间服务绩效评估是指对图书馆空间服务的质量、效果及开展服务所需资源的配置效率进行评估。在这里，图书馆空间服务包括文献借阅、参考咨询、数字资源传递与获取、讲座/培训、技术支持、多媒体等多项服务，以及为用户提供的信息交流区、研讨区、技术体验区、视听区、休闲区等知识创新空间的环境服务。绩效评估有明确的评估对象、可量化的评估指标，以及具体的质量测评方法，是关注图书馆空间服务投入与产出及效率的评估。目前常见的图书馆空间服务绩效评估方法有 ISO 系列图书馆绩效指标体系与 LibQUAL 图书馆质量评估方法。[77]

3.2.2 成效评估体系（Outcomes Assessment System）

空间服务成效评估是指以用户为中心，通过分析用户在使用图书馆空间服务后，行为、态度、技能、知识或条件所发生的改变，来评估图书馆空间服务成效的一种方法。与绩效评估相比，成效评估着重考察用户自身改变，对图书馆解决特定用户需求与正面影响用户的能力进行间接评估，是关注图书馆服务影响与效果的评估。目前成效评估体系并无明确的国际标准或评估方法，但其理念已受到国际广泛认可。目前正在制定中的 ISO 16439《图书馆影响评估》，对服务质量影响的定量考查与成效评估体系的核心理念不谋而合。[77]

3.3 图书馆空间服务质量参考评估方法

ISO 系列图书馆绩效指标体系与 LibQUAL 是图书馆空间服务评估两种方法。其中，ISO 系列图书馆绩效指标体系为各系统图书馆提供了统一的评估标准，通过对图书馆空间服务的投入、产出及效率等客观数据的考查，对图书馆的空间服务质量进行评估。LibQUAL 以用户为中心，通过调查用户对某项服务的期待和对实际服务水平的感知来对服务质量进行考察。LibQUAL 与 ISO 系列图书馆绩效指标体系的结合，可以从图书馆及用户两个方面对服务质量进行更为全面的考查，使得评估结果更具有实际参考价值。

3.3.1 ISO 系列图书馆绩效指标体系

国际标准化组织（ISO）的信息与文献技术委员会（TC46）及其下属的第 8 分会 "质量统计和绩效评估" 分技术委员会（SC8）在 1998—2008 年期间相继出版了多个 ISO 系列图书馆绩效指标体系，对图书馆所提供的空间服务质量与效果及开展服务所需的资源配置进行评估。

最新修订的 ISO 2789：2013——*International library statistics*（国际图书馆

统计）为图书馆服务数据的收集及汇报制定了统一的规则，对 ISO 系列图书馆绩效指标体系所需数据的提供有着详细的规定，确保了各国图书馆数据统计方法的一致性[78]。该系列评估体系从馆藏规模及服务、图书馆人员、设备等方面对图书馆服务的投入（input）进行评估。

ISO 11620：1998/Amd1：2003 在原有的 ISO 11620：1998 指标体系的基础上进行修订，从图书馆公共服务、技术服务、服务的改善、图书馆服务的用户评价，以及人力资源有效性与利用五个方面，共 34 个指标，对传统图书馆的服务和活动进行绩效评估。

随着互联网的发展，数字图书馆服务逐渐成为图书馆综合服务中的重要组成部分，对数字图书馆服务质量的评估也愈发得到重视。2003 年颁布的 ISO/TR 20983：2003——*Performance indicators for electronic library services*（数字图书馆服务绩效指标）着重考查电子图书馆公共服务、人力资源有效性及利用两个方面，共 15 个指标，完善了 ISO 图书馆绩效评估体系，与 ISO 11620 指标共同对图书馆服务的产出（output）进行评估[79]。

ISO 11620：2008——*Library performance indicators*（图书馆绩效指标）取代了 ISO 11620：2003 年修订版及 ISO/TR 20983（数字图书馆服务绩效指标），将传统图书馆评价指标与数字图书馆服务评价指标相结合，分为：①资源、获取和基础设备；②使用；③资源与服务效率；④潜力与发展四个大部分，共 45 个指标[80]。

3.3.2 LibQUAL 图书馆质量评估方法

LibQUAL 图书馆质量评估方法 2000 年由美国研究图书馆协会（Association of Research Libraries）提出，通过网络问卷的形式测量用户对某项服务可接受的最低水平、实际感知的水平、理想期望的水平，计算三者间的差距来反映服务质量[81]。LibQUAL 图书馆质量评估方法源于 SERVQUAL（服务质量评估模式），是 SERVQUAL 在图书馆领域的具体应用。SERVQUAL 方法最初由 A. Parasuraman 等人提出，广泛用于评价商业服务质量，将顾客的评价作为评价服务质量的唯一标准[82]。LibQUAL 以 SERVQUAL 为基础，将用户的评价作为评估图书馆服务质量的唯一标准，结果直观而可靠，但同时对调查整体操作要求较高。例如，抽样方法的选择影响了调查对象的代表性，进而影响了调查结果的准确性。而问卷指标的设计则影响了用户能否准确表达自己的意愿，进而影响整个调查结果的精确性。因此，在评估图书馆服务质量时，需考虑地方差异，根据用户习惯、文化等对 LibQUAL 方法进行修正，强化指标设计的合理性。

3.3.3 图书馆空间服务质量成效评估方法

图书馆空间服务质量成效评估体系目前并无确定的国际标准或具体方法，但其对图书馆服务影响的考查可根据 ISO 16439（图书馆影响评估）进行。ISO 16439 项目由来自 13 个国家的 17 名专家在 2010 年 12 月发起，旨在对图书馆的影响进行定量的评估，是 ISO 对图书馆服务质量评估体系改善的又一探索。目前 ISO 系列图书馆绩效指标体系主要考察图书馆服务产出所产生的短期（或中期）结果（outcome），而基于 ISO 16439 的服务质量成效评估体系则希望研究这些结果所带来的长期影响（impact），包括个人影响及集体影响[83]。目前该体系处在意见问询阶段，尚未确认与颁布，但其评估方法与理念仍可为图书馆空间服务成效评估提供一定参考。

3.4 图书馆空间服务质量评估的三个阶段

当图书馆需要新增或改善某项服务，如在图书馆中新增知识创新空间，为读者提供小组讨论的空间服务时，需在规划阶段、运营期间及运营后期三个阶段就服务的可行性、合理性及改进方向等进行评估，用科学客观的数据为服务的建设与改善提供数据支持。依据每一阶段考察的服务重点不同，所使用的调查方法与理念也不尽相同。

3.4.1 规划和建设阶段：明确目标及提供对比数据

在某项图书馆空间服务的规划与建设阶段，应对该服务的必要性与可行性进行调研，以明确服务或项目的发展目标。同时，为了比较新增或改善服务前后的效果，需要通过调查收集现有服务的使用数据，如现有服务使用人数、现有服务使用频率，新增或改善服务对馆藏的影响，以及用户咨询问题的变化等。

此阶段的调研与评估应以用户为主，鼓励用户积极参与，以确保服务规划与用户需求的一致性，规划的前瞻性与灵活性。尤其当图书馆想要提供信息交流区等创新知识空间的环境服务时，需要对图书馆资源和服务，乃至学校其他服务部门的管理与服务模式进行重新整合，物理空间建设的改变与巨大的前期投资使得规划与建设阶段的评估变得非常重要。图书馆可成立规划委员会，成员由图书馆馆长任命，包括评价官员、志愿者、可代表用户服务与馆藏服务的各级图书馆工作人员及师生员工。规划委员会将根据需要定期开展规划会议，邀请相关专业人士参与调查讨论，以确保规划评估调研的准确性。

3.4.2 运营期间：把握用户需求与自身服务能力

在新增或改善某项服务后的运营阶段中，应对服务的现状与管理效果进行调研，如考察用户满意度、用户需求变化、图书馆资源利用效率等方面，以评估服务质量与管理效率并获得相关的建议。图书馆的工作人员将根据数据与建议在现有资源的基础上及时调整服务内容与方向，提高服务质量。图书馆中提供服务的人员也可调查了解自己的服务是否有效地满足了用户需求，是否提高了用户使用服务的积极性。此种调研所获得的数据可用于图书馆内部员工对自身价值和服务能力进行评价。

用户满意度是用户对新服务或服务改善状况最直观的体现，运营期间的评估是基于用户满意度的对服务质量的评估，并据此对服务进行调整。以图书馆提供创新知识空间的环境服务为例，在运营期间，评价的内容可包括以下方面[84]：

（1）广泛性，即考查用户使用创新知识空间的程度。

（2）效率，即考查设施、技术、资源及人员配置的单位成本与单位服务成本。

（3）影响或效果，即考查创新知识空间是否促进了用户自主学习等。

（4）服务质量，即考查创新知识空间是否满足了用户需求。

（5）易用性，即考查用户使用创新知识空间是否便利及有哪些障碍。

3.4.3 运营后期：效用及价值证明，谋求发展资金

某项图书馆空间服务运营一段时间后，需要对管理效果与服务的使用效果做进一步调研与评估，以便为图书馆空间服务的改善与未来发展方向提出相关建议。对运营状况的调研与评估根据服务的不同有不同的调查形式、时间跨度、调查时限与频次。图书馆工作人员将撰写详细的短期（半年或一年）评估报告或长期（两年或三年）评估报告，向高等教育管理部门、私人投资者、评审机构甚至国家立法委员等机构或个人证明服务的投资效果与社会价值。同时，报告中的数据和结论也将成为新服务或现有服务新一轮发展计划的依据。

3.5 图书馆空间服务的调查调研方法

常见的图书馆空间调查调研方法包括：问卷调查法（Survey）、访谈法（Interview）和观察法（Observation）。在图书空间服务的评估和评价的各个阶

段需要将这三种方法有机地结合在一起。

3.5.1 问卷调查法

问卷调查法是通过问卷的形式，对用户的满意度、空间使用频率等绩效和用户的成绩提升、职业成就等效用进行评估。同时也可以了解到用户的需求和对图书馆空间服务的建议。问卷调查法通常以问卷调查或网络在线形式实施。

问卷调查法的特点是可以有目的、有计划、有系统地搜集研究用户的现实和历史状况。相较于访谈法和观察法，问卷调查更适合量化研究。同时因为空间服务使用者具有单一性特点和较高的知识水平，所以在设计和实施问卷调查时更具针对性。问卷调查法作为一个基础方法在图书馆空间服务评估的三个阶段都会被应用，也同时出现在绩效和成效评估两个体系中。

在空间服务的规划和建设阶段，图书馆可以使用问卷调查的形式来调查用户对旧有服务的使用情况和评价。这些使用情况和评价的数据可以用于比较新的空间服务运营前后的绩效和成效。问卷调查的内容可以包括但不限于：主要使用目的、用户满意度（是否满足学习的需求）、环境的舒适度、咨询问题的正确回答率等用于绩效分析的问题，以及平均空间使用时间、学习成绩、平均学习时间等用于成效分析的问题等。

在空间服务正式运营后，图书馆可以通过对上文提到的在规划和建设阶段提出的问题再次询问，以比对的方式调查新服务对图书馆原有服务的影响以及新服务是否对用户的发展有所帮助。对用户满意度的调查既可以作为对图书馆工作人员服务工作考核的重要依据，也可作为对已有资源配置进行更合理使用和分配的有力说服证据。

3.5.2 访谈法

访谈法通过口头交谈的方式向用户了解情况。相对于问卷调查，访谈法一般能获得更加详细和具体的信息，但可能没有问卷调查法具有代表性。所以访谈法大多以两种方式出现在空间服务的评估中。第一，在规划阶段，以咨询座谈的方式，在对现有图书馆服务进行评价的基础上，征求创造性意见。第二，作为问卷调查的一个重要补充，在问卷调查之前或之后进行，了解问卷调查方法中不易展现的深入而详细的信息。

访谈是图书馆与用户交流常用的服务方式。大学图书馆经常会举办不同形式的信息交流会，邀请图书馆行业的资深馆员、大学教师、学生等参加，广泛听取各方的意见和建议。

作为问卷调查法补充的访谈对象常以典型用户为主，通常询问比较宽泛的问题如："是什么吸引你来图书馆？"、"你觉得什么是图书馆？"等，这类问题比较容易引起用户的兴趣也因为没有明确的主题，不容易对用户产生暗示和误导。

3.5.3 观察法

观察法通过观察、倾听、适当提问的方式了解用户在实际图书馆空间服务中的情况。在图书馆空间服务的评估中，一般通过安排工作人员在指定时间内对指定区域的使用情况和用户状态进行观察的方式来实现。

相对于上文提到的问卷调查法和访谈法，观察法的优点在于更加客观和可靠。通过观察自习区、研讨区、休闲区和咨询区在各个时间段的人员使用情况，以及图书馆空间中各种设备的利用情况，如每个学习室的实际使用人数、最经常被使用的家具、电脑使用状况等进行观察和记录，在一定程度可以帮助图书馆了解用户的需求和服务满意度。

但是观察法由于只能记录行为本身而很难了解行为的起因和目的，容易将复杂的行为归纳成少数的几个简单变量。例如，相邻两台计算机，可能因为距离打印机的距离远近、放置机器的桌面大小、光照环境好坏等种种因素，导致其中一台的使用频率远大于另一台。在这种情况下观察法只能提供给研究者一个结果而无法提供频率差别的原因。在这种情况下需要通过问卷调查法和访谈法，进行更加全面和深层次的调查分析。

参考文献

[1] 《辞海》. 上海辞书出版社，2000：2163.
[2] 汪原，周卫. 空间理论初探［J］. 南方建筑，1998（2）.
[3] 秦殿启. 空间理论与图书馆文化建设［J］. 知识管理论坛，2013（5）：53－60.
[4] 廖小梅. 新馆建设浪潮中的图书馆物理空间观念变革——城市图书馆空间变奏曲之一［J］. 图书馆，2010（6）：90－91.
[5] 孙澄. 高校图书馆的可持续发展［J］. 城市建筑，2011（7）：6－10.
[6] 邢艳. 对布迪厄场域理论现实意义的一点思考［D］. 山东大学哲学与社会发展学院 2009 级社会学硕士论文.
[7] 郭海明. 资源共享理念下的图书馆空间服务［J］. 图书馆理论与实践，2011（7）：1－4.
[8] 韩昀松. 高校图书馆空间新发展［J］. 城市建筑，2011（7）：26－29.
[9] 吴建中. 发挥图书馆作为社会公共空间的价值. http：//www. wujianzhong. name/? p

=1319, [2013-11-12]
[10] Mcdonald Andrew. The Ten Commandments revisited: the Qualities of Good Library Space. LIBER QUARTERLY, 2006 (2)
[11] 孙权. 立体化多功能全开放——从中国人民大学图书馆新馆的空间布局与功能定位谈起 [J]. 晋图学刊, 2012 (2): 5-8.
[12] 周文骏. 图书馆: 系统与空间 "图书馆社会" 散论之三 [J]. 图书与情报, 126-137.
[13] 罗惠敏. 近现代西方图书馆空间布局的历史演进 [J]. 国家图书馆学刊, 2013 (4): 48-53.
[14] 冯东. 近20年来图书馆馆库空间变化研究 [J]. 图书馆学研究, 2011 (11): 2-6.
[15] 罗惠敏. 近现代西方图书馆空间布局的历史演进 [J]. 国家图书馆学刊, 2013 (4): 49-53.
[16] 张树华. 我国图书馆观念的变迁和发展 [J]. 图书馆, 2006 (3): 1-5, 44.
[17] 李万健. 中国近代的图书馆和图书馆刊——写在《近代著名图书馆馆刊荟萃》出版之际 [J]. 中国图书馆学报, 2004 (1): 74-76.
[18] 何静. 图书馆建筑文化变迁及特点分析 [J]. 图书馆建设, 2010 (8): 101-106.
[19] 李乾清. 美国首座全数字化图书馆投入运营 [N]. 中国文化报, 2013年11月14日第010版.
[20] 任树怀. 信息共享空间实现机制与策略研究 [M]. 上海人民出版社, 2011.4: 27.
[21] 吴小林. 图书馆成为 "第三空间" [N]. 人民日报, 2009年9月2日, 第013版.
[22] 韦晓玲, 郭育凯. 从 "星巴克" 看高校图书馆营造 "第三空间" [J]. 图书馆建设, 2009, (12): 65-69.
[23] 张梦瑶. 创客开启个性化制造时代 [N]. 人民日报海外版, 2013年7月6日第008版.
[24] 李恺. 美国公共图书馆的 "新图书馆学" 转向 [N]. 中国社会科学报, 2012-07-25 (B05).
[25] 王敏, 徐宽. 美国图书馆创客空间实践对我国的借鉴研究 [J]. 图书情报工作, 2013 (6): 97-100.
[26] 初景利. 论图书馆服务的泛在化: 以用户为中心重构图书馆服务模式 [J]. 图书馆建设, 2008 (4): 62-65.
[27] 郭晶, 陈进. IC^2: 一种全新的大学图书馆服务模式. 图书情报工作, 2008 (8).
[28] 王明非. 图书馆建筑发展趋势 [N]. 中国建设报, 2003-12-01.
[29] 郎杰斌. 空间体验——图书馆的核心价值之一 [J]. 大学图书馆学报, 2013

(2)：42-48.

[30] 于雷. 空间公共性研究［N］. 东南大学出版社，2005：14.

[31] 肖希明. 图书馆作为公共文化空间的价值. 图书馆论坛［J］. 2011（12）：62-67.

[32] 杨逸. 数字时代更需"实体读书空间"［N］. 南方日报，2013年7月7日第009版.

[33] 陆云. 开放获取模式及最新进展［N］. 中国图书商报，2010年10月15日，第008版

[34] 阳国华. 从Commons到图书馆信息共享空间的发展与实践［J］. 情报资料工作，2007（6）：76-79.

[35] 徐文晖. 空间与结构——德国图书馆建筑理念［J］. 图书馆论坛，2010（4）：145-147.

[36] 杨允仙. 图书馆空间再造的思考——写在2012年中国图书馆学会年会之后［J］. 贵图学刊，2012（4）：7-8.

[37] 赵维学. 现代高校图书馆主体空间的特征与发展［J］. 图书馆管理与资源建设，2005（12）：100-101.

[38] 郑海燕. 当代世界的U——图书馆模式建设与实验［J］. 图书馆杂志，2012（1）：29-32.

[39] 顾孟潮. 伊东丰雄的建筑哲学观与建筑风格［J］. 华中建筑，2013（9）：33-36.

[40] 叶莎莎，朱小梅. 国外大学图书馆对外开放服务模式探析［J］. 图书馆学研究，2012（6）：88-93.

[41] 任树怀等. 信息共享空间实现机制与策略研究［M］. 上海：上海人民出版社，2011：15.

[42] Beagle Donald. "Conceptualizing an information commons." The Journal of Academic Librarianship, 1999, 25（2）：82-89.

[43] Donald Russell Bailey, Barbara Gunter Tierney. Transforming library service through information commons: Case studies for the digital age. Chicago: American Library Association, 2008.

[44] 任树怀，孙桂春. 信息共享空间在美国大学图书馆的发展和启示［J］. 大学图书馆学报，2006（3）：24.

[45] Beagle Donald, Donald Russell Bailey, Barbara Gunter Tierney. The Information Commons Handbook. New York, NY: Neal-Schuman Publishers, 2006.

[46] 任树怀等. 信息共享空间实现机制与策略研究［M］. 上海：上海人民出版社，2011：44-46.

[47] 任树怀，盛兴军. 信息共享空间理论模型建构与动力机制研究［J］. 中国图书馆学报，2008（4）.

[48] 陈进. 大学图书馆学科化创新服务体系构建 [J]. 上海高校图书情报工作研究, 2008 (3).

[49] 吴建中. 开放存取环境下的信息共享空间 [J]. 国家图书馆学刊, 2005 (3).

[50] 张大均主编. 教育心理学 [M]. 北京: 人民教育出版社, 2003: 68-69.

[51] Beagle Donald, From information commons to learning commons [EB/OL]. [2004-08-01]. http://www.usc.edu/isd/libraries/locations/leavey/news/conference/presentations/presentations_9-16/Beagle_Information_Commons_to_Learning.pdf.

[52] 马万民, 张美文. 高校图书馆共享空间模式发展轨迹与对策探究 [J]. 图书情报工作, 2013 (5): 81.

[53] Susan McMullen. The learning commons model determining best practices for design, implementation, and service sabbatical project 2007. [2009-03-10]. http://faculty.rwu.edu/smcmullen/Readings.html

[54] Regina LR. The evolving landscape of the learning commons. Library Review, 2007 (9): 803-810.

[55] 邹凯, 李颖, 蒋知义. 学习共享空间的理念与构建 [J]. 图书馆学研究, 2009 (1): 13-16.

[56] 任树怀等. 信息共享空间实现机制与策略研究 [M]. 上海: 上海人民出版社, 2011: 18.

[57] 李瑛. 学习共享空间: 内涵、特征与构建 [J]. 情报资料工作, 2009 (6): 103.

[58] http://commons.lib.washington.edu/about/description-of-research-commons. [2013-12-11].

[59] http://www.library.illinois.edu/sc/about_us/index.html. [2013-12-11].

[60] 吴敏琦. 学术共享空间: 美国研究型大学图书馆的新探索 [J]. 情报杂志, 2011 (10): 175-176.

[61] 黄勇. 美国高校图书馆学术共享空间的规划与构建 [J]. 图书馆学研究, 2012 (12): 100.

[62] 王婉, 王萍. 从IC到AC: 国外大学图书馆学术共享空间的发展与启示 [J]. 图书馆学研究, 2011 (8): 85.

[63] 任俊为. 知识经济与图书馆知识服务 [J]. 图书情报知识, 1999 (1): 28-30.

[64] 张晓林. 走向知识服务: 寻找新世纪图书情报工作的生长点 [J]. 中国图书馆学报, 2000 (5): 32-37.

[65] 李铮, 盛兴军. 知识共享空间: 为创新社群构建协同式知识共享环境 [J]. 上海高校图书情报工作研究, 2011 (2): 22.

[66] 吴云珊. 泛在图书馆知识共享空间KC研究 [J]. 图书情报知识, 2013 (1): 115.

[67] 朱红涛. 图书馆知识共享空间模型构建研究 [J]. 图书馆学研究, 2011 (10): 15.

[68] 浙江大学信息共享空间. [2013 - 12 - 10] http://ic.zju.edu.cn/nclient/index.aspx.

[69] Queen's Learning Commons. [2013 - 12 - 10] http://www.queensu.ca/qlc/.

[70] 任树怀, 盛兴军. 学习共享空间的构建 [J]. 大学图书馆学报, 2008 (4): 20 - 26.

[71] 宋惠兰. 从 IC 到 LC: 大学图书馆服务模式的构建与拓展 [J]. 图书馆学研究, 2009 (7): 73 - 77.

[72] 任树怀等. 信息共享空间实现机制与策略研究 [M]. 上海: 上海人民出版社, 2011.

[73] UCT LIBRARIES UPDATE. [2013 - 12 - 10] http://www.lib.uct.ac.za/wp - content/uploads/libpub/update_ no8.pdf.

[74] UCT Libraries Research Commons web site. [2013 - 12 - 10] http://www.lib.uct.ac.za/researchcommons/.

[75] Charles Forrest, Sharon L. Bostick. Welcoming, flexible, and state - of - the - art: Approaches to continuous facilities improvement. International Federation of Library Associations and Institutions Journal, 2013 (2): 140 - 150.

[76] 齐向华. 图书馆服务质量评价及要素研究 [J]. 情报理论与实践, 2013 (5): 83 - 87.

[77] 张红霞. 图书馆统计与绩效评价系列国际标准的形成与衍变 [J]. 大学图书馆学报, 2010 (5): 90 - 95.

[78] Information and documentation - International library statistics, ISO 2789 (2013).

[79] 张红霞. 国际图书馆服务质量评价: 绩效评估与成效评估两大体系的形成与发展 [J]. 中国图书馆学报, 2009 (179): 78 - 85.

[80] 奉永桃, 张洪铭. ISO 与 IFLA 图书馆绩效评估指标体系比较研究 [J]. 图书馆论坛, 2012 (4): 144 - 148.

[81] 冯有胜, 张必兰. 国外高校图书馆服务质量评价的本地化实践及启示 [J]. 新世纪图书馆, 2013 (3): 72、92 - 93.

[82] 史继红. 论 LibQual 作为图书馆服务质量评价工具的局限性 [J]. 情报科学, 2008 (3): 415 - 417.

[83] Roswitha Poll. Can we quantify the library's influence? Creating an ISO standard for impact assessment. Performance Measurement and Metrics, 2012 (2): 121 - 130.

[84] 盛兴军, 任树怀. 调查与调研在 IC/LC 评估与评价中的应用 [J]. 大学图书馆学报, 2010 (4): 51 - 58.

第五章 基于新技术的图书馆服务拓展

读者需求的驱动和新技术的广泛应用使得图书馆获得了空前的服务拓展契机，图书馆服务的领域得以无限延伸，最近几年具有代表性的基于移动技术、即时通讯技术、物联网、数字出版、开放获取、云计算、大数据、社交网络和富媒体技术等新技术的图书馆服务包括：泛在化服务、个性化服务、自助服务、数字应用体验服务和形象营销服务等。

第一节 泛在图书馆和泛在化服务

泛在图书馆和泛在化服务是图书馆应对泛在网络和泛在知识环境的必然策略。泛在网络2009年9月由国际电信联盟远程通信标准化组织（ITU–T）定义，定义的内容是"在预订服务的情况下，个人和/或设备无论何时、何地、何种方式以最少的技术限制接入到服务和通信的能力"。也是在2009年，温家宝总理提出"感知中国"的物联网战略，标志着我国"泛在信息社会"战略形成。面对泛在网络环境，图书馆的信息组织方式、信息服务方式都在发生巨大改变，以移动性支持为核心、无时无处不在的泛在图书馆和泛在化服务应运而生。

泛在图书馆的名称最早出现在上世纪末，1999年，美国斯坦福大学图书馆馆长Michael Keller设想未来图书馆时，提出要创立泛在图书馆。泛在图书馆包含了即时获取图书馆服务、按需获取图书馆服务、任何人都能获取图书馆服务三个层面的含义。[1]移动图书馆技术的出现，使读者可以随时随地通过各类手持终端设备及各类无线网络对图书馆各类数据库资源进行统一检索、在线全文访问或下载阅读，使图书馆的资源和服务无处不在、无时不在。

泛在化服务是一种向用户提供全方位、智能化的无处不在的服务的理念和模式，倡导用户在哪里，服务就在哪里。[2]关于泛在化服务的模式和内容，图书馆界有各种不同的观点，广义的观点认为图书馆目前和将来在泛在化信息环境下所开展的所有服务都是泛在化服务，例如信息资源建设、信息共享空间、嵌入式学科服务、深化咨询服务、甚至图书馆网站等；狭义的观点则认为泛在化服务是以移动支持为核心的，例如移动信息门户、移动 OPAC、移动阅读、O2O 方式的移动应用、移动参考咨询等。[3]综合上述观点，可以概括出泛在化服务的主要模式和内容，包括：泛在知识环境下的信息资源建设及资源组织、移动图书馆服务、用户环境嵌入式服务、协作共享的全球网络图书馆服务等。

1.1 泛在知识环境下的信息资源建设及资源组织

泛在知识环境对图书馆的信息资源建设和组织提出了新的要求——从资源建设角度，图书馆需要强化自身已有的资源优势、强化特色资源体系，同时更需适应新的环境广泛收纳和积累数字信息资源、构建多元立体的资源体系；从资源组织角度，图书馆既需要主动整理开发特色资源，也需要利用多种渠道深度揭示、整合信息资源和提供信息资源服务，包括开放存取、网络资源开发利用、机构知识库建设与服务等。

据此图书馆提出了"泛在采访"概念，即信息资源的采访将由过去资源建设部承担转为由资源建设部进行规划、组织、管理和实施，多个部门或跨部门小组、图书馆联盟组织以及用户广泛参与其中的工作。泛在知识环境下，信息出版者利用物联网技术、嵌入技术、传感器技术等，使信息资源一经出版即带有了智能感知性，使资源发现变成可能和现实。通过物联网，可以有效地发现资源发行现状及储存地点，使采访馆员随时采访和读者的决策式采访成为可能。所有与资源建设有关的人员在泛在网络中参与采访，可以随时随地地发现、获取所需的信息，利用具有信息交互和反馈功能的应用平台，推荐给学科馆员、资源建设者等，图书馆资源建设部进行汇总实施采访，按照资源的类型及使用方式获得信息资源的所有权、使用权、租用权等。图书馆由过去采访馆员"单兵作战"转为联盟组织、学科馆员或所服务的用户的"协同作战"，以泛在的采访方式来共同完成构建信息资源保障体系的任务。

1.1.1 泛在知识环境下的馆藏发展政策

泛在知识环境下图书馆的馆藏发展政策已经发生了根本的变化，对于机构特藏资源、开放获取资源的重视程度空前提升，图书馆数字资源的建设比例越来越大，有些图书馆在面对同一资源会优先选择数字版本。以北京大学图书馆为例，新的文献信息资源建设目标着重强调特色化、数字化和合作共享，例如："采集、加工和建设与北京大学有关的各种特色及原生文献资源，采集、加工和建设其他不可再生的文献资源，以支持特色馆藏发展"；"适应新技术环境和出版模式的变化,及时收藏或获取各种新文献信息载体,满足用户在新的信息环境下更为便捷地获取所需资源的需求";"加强与其它国内外高校、学术图书馆和联盟组织协作,获取全球学术资源,谋求最低建设成本和最优服务";等等。在资源建设渠道方面,除了传统的购买、租赁、征集、呈缴、接受捐赠、交换等外,还特别强调自建和整合,自建包括创建北京大学机构知识库、数字化加工、采集收割科学数据/预发表论文等;整合是指对网络开放获取资源及其他网络学术资源进行采集整合而获得的各种虚体文献。

1.1.2 泛在知识环境下的图书馆信息资源建设策略

(1) 扩大虚体馆藏比例,加快数字资源建设

数字资源包括商用电子资源如各类型数据库、电子期刊、电子图书和报纸等,也包括自建数字资源如特色库、机构知识库等,还包括各种开放获取资源、网上公开的有学术收藏价值的各类资源等,图书馆应该充分利用各种信息渠道,全面充实数字馆藏。对于商用资源,应尽量采用联盟采购的方式,既便于获得优惠的采购价格,也便于数字资源共享存档;对于自建资源,应充分发挥个体图书馆的资源和技术优势,突出特色。

(2) 加强特色资源建设

特色资源是指图书馆所收藏的独具特色和风格的信息资源。它以机构用户需求为依据,根据图书馆的学科特色、专业特色或地方特色,通过确定资源定位所进行的基础收藏,并在读者使用中以持续不断增值的特定方式对基础资源进行整理和揭示,通过资源精品化,突出亮点,构建具有本馆鲜明特色的资源建设体系。特色资源是提高图书馆社会影响力和信息服务竞争力的核心资源。它能够展示图书馆个性,在竞争环境中做到人无我有,人有我优,形成特色,吸引读者。特色资源是泛在网络环境下衡量图书馆价值的重要标准,是有效地开展馆际互借、资源共享的前提。[4]所以为了增强在泛在知识环境下的竞争力,图书馆必须加大特色资源的建设力度,例如针对本校特色学科实现系统化、完整化收藏;加大各类原生资源、教学和科研环节中产生的机构成果资源和其他非正式出版资源或半公开资源的搜集力度,同时也要加大资源共享的力度,完善知识的揭示、优化检索系统,让特色资源为更多的读者所知、所用。

(3) 重视开放获取资源建设,结合馆藏发展政策存取 OA 资源

开放获取是基于"自由、开放、共享"的理论,依托于网络通信和信息

技术，在网络环境下发展起来的一种全新的学术交流模式和学术出版理念，它使信息能够在全球范围内实现无障碍、无间断的传播。开放获取资源目前主要有以下几种类型：一是开放获取期刊（OAJ），二是自存储资源包括学科知识库和机构知识库，三是网络免费信息资源，四是个人 WEB 站点、网络电子图书、邮件列表、服务论坛、博客、维基、RSS、P2P 的文档共享网络等。其中学科知识库和机构知识库开放获取资源应成为图书馆信息资源建设的重要内容，因为它更能表现所在图书馆的资源特色。[4]

（4）适应大数据时代，加强海量数据存储和管理

大数据的概念是 2011 年 5 月由全球知名咨询公司麦肯锡（Mckinseyand Company）在其发布的《大数据：创新、竞争和生产力的下一个前沿领域》报告中提出的，旨在描述种类繁多、数量庞大的多样数据。全球知名媒体、美国政府和世界领先的 IT 公司的报道和加入让大数据的概念更加深入渗透到各个相关领域。对于图书馆而言，适应社会的发展，满足用户的需求，进行海量数据的搜集和存储，提供复杂数据的处理，基于复杂海量数据提供深度挖掘的信息服务，将成为图书馆发展的主要趋势之一。

（5）加强图书馆之间、图书馆与用户之间的共建共享

泛在知识环境下图书馆必须建立共建共享理念并将其付诸实践，由传统的"大而全"或"小而全"的分散建设向以共建共享为特征的整体建设实践转化，走联盟合作之路，尽快加入到联盟或合作组织之中，通过区域乃至更大范围的同行联盟或跨行竞合，实现"图书馆合作的延伸"。在共建共享的过程中，联盟组织应以数据库的协作共建和基于云架构的资源聚集、整合和检索为主，通过协调采访、联合共建、优势互补、网络传输和物流配送完成联机组织、公共检索、馆际互借和文献传递以实现泛在网络环境下信息资源的共建共享。[4]

再者，泛在网络环境下读者也是图书馆资源建设的主体之一，可以通过信息共享机制参与到图书馆的信息资源建设中，例如通过"众包（Crowdsourcing）"模式外包书刊采访工作。众包是美国《连线》杂志的记者杰夫·豪（Jeff Howe）在 2006 年 6 月提出的一个概念。他认为所谓的众包就是"一个公司或机构将过去由员工执行的工作任务，以自由自愿的方式外包给非特定的大众网络的做法"。[5] 可以看出，众包是网络环境下的公众协同创新模式，它打破了专业和非专业领域、专业和非专业人员之间的界限，让更多的智慧和人力资源有机会参与到任何一项任务中，而且大大节约了成本，图书馆的书刊采访工作就可以借用外包的模式完成。传统的图书馆采访一向

是以图书馆员为主的,虽然很多大学在图书馆设有学科馆员或在院系设有图情教授,协助采访馆员进行选书,但大多数教师、科研人员和学生读者并没有机制参与到书刊推荐和选择的环节中,图书馆的文献收藏体系也因此难以真正优化和适应读者的需要。借鉴众包理念,广大读者有机会、有渠道参与选书工作,使所选图书不仅是行家熟悉、专业对口的,而且能够满足大众的学习欲望、好奇心和探索心理。开放基于全体读者的网络荐购系统或在线评价平台,众包资源采购工作,是泛在信息环境下的资源建设途径之一。在线评价平台可以让采购馆员进一步掌握用户多样性、差异化的需求。借鉴淘宝和当当、亚马逊等网店的星级评价方法,开放用户点评的权利,让更多的师生在使用图书馆资源的同时,进行图书借阅评价、数据库使用评价,并形成推荐指数。许多美国大学图书馆依托 blog 和 IM 技术,在图书馆网站上开辟虚拟资源评论社区,所有的馆员和用户都可以在这里畅所欲言,评论图书馆的馆藏,特别是新购资源。对于图书馆没有购买的资源,用户也可以推荐给图书馆。[6][15][16]

1.1.3 泛在知识环境下的图书馆信息资源组织与揭示

资源建设内容以及渠道的变化,使得图书馆的信息资源组织和揭示方法发生着重大的变化。对应"泛在采访",图书馆也提出"泛在组织"的概念,一方面是指对纳入图书馆资源保障体系内的资源进行有序的组织;另一方面是指参与资源组织主体的多元化。泛在网络环境下,人们对信息的使用以数字资源为主,而图书馆的资源保障体系则是纸质及数字资源等多介质、多载体文献交织存在。为了使图书馆所拥有的各种资源能够通过泛在网络呈现给用户,图书馆对采访的各种资源必须进行有效的组织。泛在信息环境中,单靠图书馆的力量难以完成海量信息资源组织,必须改过去由单个图书馆资源建设部进行组织为与技术人员、学科馆员及图书馆联盟以及社会力量、用户等广泛参与进行的协作组织。图书馆在信息资源的泛在组织过程中充当着参与标准制定、审核决策、内容配置等角色。应加强信息组织的规范化、标准化建设,重点进行信息组织的语义关联、学科知识挖掘、重组工作。广泛地运用第三方等力量汇集相关信息资源并进行整序与索引,建立多语言、多途径、可视化、多媒体、移动的语义知识网,为用户提供一个多载体的立体知识展示图。[4]

图书馆也可以充分利用用户的群体智慧以及利用各种新技术手段加强图书馆信息资源的组织与揭示,例如利用众包模式进行社会性标注;通过"用户生成内容（UGC，User Generated Content）"促进图书馆知识共享；通过语义网、关联数据、可视化和知识检索等技术的应用更深度和广度地揭示资源等。

（1）社会性标注

对于已经到馆的文献资源，图书馆有严格的编目流程和规范的编目体系对其进行揭示，但图书馆使用的分类号、主题词是否与读者的检索习惯一致，读者能否通过图书馆的精心标引找到需要的文献呢？调查显示读者常常对图书馆的书目检索系统不满意，他们更喜欢简洁、方便、不受到任何约束的检索，也希望通过检索过程或结果可以发现更多相关的信息。随着计算机标引及全文检索技术的广泛使用，用户可以基于众包的框架对自己感兴趣的网络资源进行基于自身理解的自由标注，这就是社会化标注。在社会化标注的信息揭示模式下，所有用户内容是开放和共享的，为图书馆信息资源的检索和共享带来了一种全新的理念。同时，社会化标注不仅将用户、标签、资源三者联系在一起，还在用户与用户、资源与资源、标签与标签之间建立了联系，其意义和作用远远超出了文献揭示的意义和作用范围。这种用户对资源的共同认识不仅便于实现信息资源的共享，还可以创造新的知识。[6]

著名的社会性标注的众包案例是美国国会图书馆的一个试验项目，他们向弗雷克社区（Flickr）发布了一项有趣的试验项目——从自己的馆藏中选择了 3 115 幅没有版权的照片，上传到图书馆网站，希望弗雷克社区能够以分类、标注和评论的方式提高这些馆藏的质量。在信息发布 24 小时内，图书馆就获得了社区居民添加的 4 000 条独特标注和 500 条评论，并结交了大量的新朋友，有了他们的联系方式。信息发布 10 天后的情况是：标注 13 077 条，评论 2 440 条，注解 570 条。平均每幅照片有 0.8 条—4.2 条评论。这样集体贡献智慧和分享知识的手段在众包出现以前是很难想象的，图书馆无形中获得了众多的编目员和标引员。

（2）用户生成内容积累与整合

用户生成内容（User-Generated Content，UGC，又称作 User Created Content，UCC 或 Consumer Generated Media，CGM），泛指以任何形式在网络上发表的由用户创作的文字、图片、音频、视频等内容，是 Web 2.0 环境下一种新兴的网络信息资源创作与组织模式。它的发布平台包括微博、博客、视频分享网站、维基、在线问答、SNS 等社会化媒体。[7] 目前图书馆使用最多的用户生成内容就是标签（Tag）、书评。重庆大学图书馆基于图书馆系统建立了"书评中心"，截止 2013 年初拥有读者书评 6 万余条，仅推荐的优秀书评就有

8 000余条。书评内容是用户生成内容的精华,是读者阅读文献的感悟和感受,本身就是一种再生的知识,具有较好的收藏价值,图书馆需要对这些内容进行存储管理、深度挖掘、知识重组和整合。[8] 类似于豆瓣、读秀知识库等网站的做法,图书馆的数字阅读平台 CADAL、CALIS 的 e 读等也开放了书评功能,都积累了大量的用户生成内容,对于图书馆的资源组织和揭示、阅读推荐服务等都有很大的助益。

(3) 信息可视化和知识检索

信息可视化利用图形图像方面的技术与方法,帮助人们理解和分析数据。图书馆利用该技术可以改善用户检索体验,帮助用户更好地查找和利用资源。知识检索是将信息或知识按照一定的方式组织、存储,并根据用户的需求找出相关信息和知识的过程。在这个过程中,被检索的对象是知识资源、知识库,知识检索从文章的语义、概念出发,能够揭示文章的内在含义,可以提高用户检索的查全率和查准率。

1.2 移动图书馆服务

移动图书馆服务是指面向移动终端用户提供的以智能手机、平板电脑等移动终端设备为载体,通过无线网络、手机网络、3G 网络接入的方式访问图书馆资源、阅读电子书、查询书目和接收图书馆服务信息的一种新型服务方式。根据移动终端设备的不同,移动图书馆也被具体区分为手机图书馆、掌上图书馆等,但都是利用移动互联网终端拓展图书馆服务的方式。[29]

移动图书馆根据其服务形式可以分为 SMS 服务(短信服务)、WAP 服务和 App 服务;根据其服务的内容和范畴可以分为移动 OPAC、移动信息门户、移动阅读和移动咨询等。

1.2.1 SMS 服务

图书馆和电信公司合作开通短信服务平台,对于在图书馆短信平台上进行了手机注册的读者,图书馆可以通过平台群发短信,短信内容可以由读者根据个人的需要自由订阅,包括图书馆最新消息、最新资源介绍、图书借阅到期催还通知、预约取书通知、场地预约通知、讲座或培训预约和提醒等。除了短信服务平台,目前很多图书馆还开通了微信公众服务平台,向读者即时推送内容更加丰富、生动的图文信息,并且可以更即时地与读者互动,因此除了短信提供的服务内容外,还可以提供常见问题解答和简单咨询等,更贴近读者的需求和使用习惯。

1.2.2 WAP 服务

图书馆通过建立 WAP 服务平台，使读者可以利用手机或其他移动终端的内置浏览器直接访问平台中的信息资源，包括图书馆概况、服务信息、书目和数字信息资源检索等。根据这些移动终端能够访问的内容，也将这些服务概括为移动 OPAC、移动信息门户。如清华大学的手机图书馆实现馆藏书目查询、个人借阅信息查询、预约和续借图书、电子资源/数据库检索阅览服务；中国国家图书馆的手机图书馆"掌上国图"可以查看轮播消息、公告新闻、使用其服务和资源、可以访问 FAQ 以及留言等。

"掌上国图"的服务功能较为完善，内容种类与 WEB 版数字图书馆门户基本对应，可以算是真正意义上的移动数字图书馆。从资源来看，"掌上国图"提供 5 种资源的移动访问，包括图书、期刊、论文、音视频和图片，其中图书 9 500 多本，包括古籍、英文著作、百科、小说、笑话、寓言等种类；期刊包括引入的龙源期刊、博看期刊、手机知网等平台的 8 000 余种期刊，还可顺路访问知网的会议论文、报纸和工具书等资源；论文包括国图收藏的 19 万篇博士论文和 150 万篇硕士论文；音视频含讲座 600 余场、电视短片 500 余部；图片 3 万多张。从服务来看，"掌上国图"提供了多个应用给程序，其中"国家数字图书馆"提供 IOS 和 Android 下载，以服务和资源为两条主线，为读者提供一种使用国图服务、欣赏国图资源的便捷方式，包括书目检索、二维 QR 码识别、微阅书刊（经典数字图书资源和相关书评、多种手机电子期刊）、经典视听（文津讲坛资源，可在线视听）、读者卡服务（借阅信息查询、续借、预约）、同步欣赏国图展览/在线观看国图最新展览、图书馆讲座预告和新闻动态、通过手机进行表单和电话咨询等；资源类的应用有国图选粹、年画撷英、艰难与辉煌（纪念中国共产党成立 90 周年馆藏珍贵历史文献展）、三言二拍、四大谴责小说等；还针对手机用户开发了三个版本的手机门户，系统可以自动检测手机以适配最优化界面，功能包括读者服务、在线服务（在线讲座、在线展览、在线阅读、在线视听）、读者指南、文津图书奖、新闻公告、资源检索等；再有就是短彩信服务，通过全国统一的特服号（106988106988）为移动、联通、电信的全国手机用户提供短/彩信订阅服务，短信服务包括图书催还、续借、预约到达通知、读者卡挂失、意见和建议等，彩信服务包括"文津经典天天读"订阅。[9]

事实上，图书馆的 OPAC 和数字信息资源检索能否实现 WAP 服务，受限于很多因素：首先要看图书馆 OPAC 和图书馆引进的各个数字资源的服务平

图 5-1　国家图书馆移动图书馆网站——掌上国图

台是否支持 WAP 服务；其次要看移动图书馆平台的功能和资源配置情况。目前来看，总体的资源服务情况并不如人意，以北京大学图书馆移动图书馆为例，北京大学图书馆正式购买的 200 多个网络数据库中，移动图书馆上能够访问的目前只有十几个、检索的结果也不尽如意。此外，移动图书馆注册用户的数量也是影响该服务发展的一个重要因素，搭建平台和提供资源服务的成本很高，如果只有少数用户注册使用，显然对图书馆而言是缺乏动力的。

1.2.3　App 服务

随着科技水平的不断提高与进步，智能手机、移动平板设备的大量普及，针对移动互联网终端而开发的应用软件逐渐增多，读者可以直接下载安装图书馆定制的移动设备应用软件。使用移动终端上安装的定制软件能够获取最新的图书馆信息资源，其访问原理与 WAP 服务基本一致，不同的是图书馆 WAP 服务平台界面变成了手机应用软件的界面，操作上更为快捷方便。

加州大学洛杉矶分校图书馆专门为教师和学生建立了研究空间，这个"研究空间"被描述为：一个由强大信息技术构建的具有合作性、跨学科性的研究共享空间，师生可以通过远程的各种方式聚集到这个空间；它对研究的整个生命周期进行支持；可以用到广泛而丰富的图书馆资源和数据；能够捕捉和记录整个研究创造过程中的版本、快照，以及最终的成果。以该图书馆在"看日出以了解洛杉矶文化"这个研究活动中所充当的角色为案例，图书馆在这一活动中构造了一个跨设备、跨系统的平台，让用户可以与馆藏资源动态交互，高效探索和发现用户所关心的类似的相关内容。他们研发了很多基于移动系统的小应用（app）：比如，一个叫"Stashd"的小应用可以让师生在线或离线保存研究内容，一个叫"Scannr"的小应用可以保存并上传移动设备摄像头拍摄的照片、视频等，一个叫"Course Q/A"的小应用可供师生提问、回答、对问题进行投票评价以及搜索 Q/A 知识库，检索加州大学洛杉矶分校图书馆的 OPAC 等等。[10]

北京大学图书馆为了方便读者在图书馆体验区的各种安卓系统的平板电脑上体验图书馆的部分服务，特别开发了一个叫做"北京大学图书馆"的 App，点击这个 App 可以快速查看北京大学图书馆的最新消息、阅读推荐书目、多媒体课件等内容。

图 5-2 北京大学图书馆基于安卓系统的图书馆 App

1.2.4 移动阅读

移动阅读是以移动阅读设备（手机、手持阅读器和其他移动终端）为载体，对以电子版方式在互联网上出版和发行的文本、图像、声音、数据等多种形式的信息，通过便捷式阅读终端进行有线下载或无线接收，最终实现阅读的一种新方式。图书馆的移动阅读则尤其强调阅读的内容，一般以经典阅读推荐、电子教参借阅等为特色，也包括图书馆订购的外部电子图书的移动阅读。

（1）移动经典阅读推荐

虽然图书馆一直是经典阅读的圣地、在经典阅读服务方面也有着得天独厚的优势，但由于当前网络环境下读者的阅读习惯的变化，传统的经典阅读服务方式也在面临挑战，基于手持阅读设备的经典阅读服务由此应运而生。以北京大学图书馆为例，2009年起开始面向读者提供电纸书外借服务，一开始随同电纸书外借的数字内容仅限于汉王书城提供的经典名著、文学作品和畅销图书等，随着读者手持阅读设备拥有率的增加以及对设备的新奇率的下降，电纸书的外借从排队预约的火爆场面趋于平稳。为了提升设备的使用率，也为了更加贴近读者的需求，图书馆将经典阅读服务做到了电纸书上。2009年五四运动90周年之际，北京大学图书馆面向北京大学知名教授展开了治学箴言和经典书目推荐活动，并根据教授推荐结集印制了《学问·读书·人生——北京大学名家推荐"对我最有影响的几本书"》这样一本手册，其中汇集了600多部经典书目，很多同学领取这本手册并循手册线索前来图书馆借阅这些经典作品。2011年，北京大学图书馆从汉王书城以及图书馆数字化的教参书中，选取了教授推荐的600多部经典书目中的101部著述，以HTXT和PDF的格式载入电纸书中，随同电纸书一起外借给北京大学读者，作为经典阅读服务的一种形式，受到读者的欢迎。

除了图书馆提供的电纸书外，北京大学读者个人拥有手持阅读设备的比例非常高——据不完全统计，一年内读者更换智能手机的比例达到50%以上，加上电纸书、平板电脑、MP4等其他手持设备，移动阅读的潜在读者比例超过三分之二。图书馆也向读者个人的移动阅读设备提供经典阅读服务，读者可以凭版权声明拷贝部分经典书目到自己的手持阅读设备中。

（2）移动电子教参借阅

霍普金森大学图书馆通过研发，将其图书馆OPAC系统中的数字教参资源嵌入到教师使用的Blackbord教学平台中，教师可以在Blackbord平台上将图书馆的数字教参资源的链接添加到课程的参考文献中，为选修课程的同学提供电子教参书的在线借阅服务，既方便教师、也能保护教参书的知识产权。

（3）电子图书移动阅读

对于图书馆引进的电子图书或其他数字内容，图书馆可以通过外借阅读器或合作研发 App 的方式来提供移动阅读服务。很多图书馆购买了方正阿帕比公司的电子图书、工具书、报纸和艺术图片库等数字内容，为了支持移动阅读，方正阿帕比公司将其电子书阅读格式从 CEB 升级到 CEBX，从版式阅读改为流式阅读，以便可以支持各种型号的手机、平板电脑和移动阅读终端上的数字内容阅读。上海图书馆则直接采取与盛大公司合作的模式开展电子书借阅服务。

2012 年，盛大文学云中书城与上海图书馆交换签署了双方的合作协议文本，并共同宣布上海市民数字阅读推广计划网站——"市民数字阅读网"正式开通。双方的这一合作标志着原生数字资源内容正式进入图书馆馆藏流通领域，这是上海图书馆顺应数字阅读大势而采取的一种移动阅读服务措施。这项措施提供的数字阅读内容包括上海图书馆订购的盛大公司的文学资源、也包括上海图书馆自有的数字内容，两者整合之后以"云中上图"之名发布应用，上海图书馆的用户可以通过各种上网设备（电子书阅读器、平板电脑以及手机等各类移动设备），随时随地阅读各种数字内容资源（以网络文学资源为主）。同时，上海图书馆的"市民数字阅读网"也与上海市部分区县图书馆签约开展电子书阅读器外借服务，最终用户可以将预装了数字内容的阅读器外借到自己手中，随时阅读使用。[11]

1.2.5 移动咨询

泛在环境下，用户可以利手机、智能电脑等工具直接向图书馆咨询其所需的信息。图书馆咨询人员可以通过泛在计算设备，实时了解用户的信息需求，依靠自己的检索能力、知识背景，收集整理信息，并对这些信息进行加工和提炼，形成满足用户需要的、有内容深度的知识，及时提供给用户。在服务的广度上，图书馆的信息咨询服务范围不应仅仅局限于图书馆用户或者是上班时间，而是应该扩展到所有用户，开展 24 小时不间断的服务，满足用户随时随地的需求。图书馆还应根据所提供咨询服务的需要，提供相应的技术支持和保障机制，以保障用户需求的满足。

随着 3G 网络的发展和手机的高度智能化，移动咨询对于读者可以随时随地进行，图书馆的移动咨询服务也需要嵌入不同的服务渠道。通过移动图书馆门户、移动博客、移动微博、手机版 QQ 等，图书馆都可以随时实现移动咨询服务。

1.2.6 网络广播服务

泛在信息环境下多媒体资源的建设与服务越来越多地受到读者的关注和

图书馆的重视，限于网络带宽和终端设备性能等，移动图书馆中的多媒体应用以图片浏览、音乐在线收听和下载等居多，尤其是音乐服务，由于其资源丰富、适用情境多、技术实现相对简单等，因而更容易在手机等移动终端上提供。北京大学图书馆拟设立专用的 MAC 主机服务器，搭建基于 Mac OS 系统的 Nicecast 网络广播电台，实时向全校范围内广播图书馆典藏的高品质音乐资源，定期更新音频节目列表，使所有安装有 iTunes 播放器的读者，可以无死角地在校园网范围内欣赏到图书馆通过网络广播的高品质音乐，这也是移动图书馆服务的一种尝试。

1.3 用户环境嵌入式服务

用户环境嵌入式服务是图书馆应对泛在网络环境及读者学习习惯变化的主动服务尝试之一，自 2008 年 IFLA 社会科学图书馆学分会将嵌入式馆员纳入讨论议题以来，嵌入式馆员和图书馆嵌入式服务近五年广受关注。嵌入式馆员指面向知识创新环境，主动融入用户教学、科研和学习生活过程中，建立与用户的良好关系，向用户推荐、提供可利用的图书馆资源，及时帮助用户解决问题，并在此过程中培养用户的信息检索技能和利用图书馆的习惯的这一馆员群体[12]。与之相应地，嵌入式服务即指图书馆员嵌入用户环境而开展的各项服务，例如嵌入教学的文献检索课程或培训；嵌入科研的课题申请和课题咨询；嵌入学习的资料提供、培训和咨询等，这些嵌入式服务也常被统称为嵌入式学科服务，是图书馆嵌入式服务的主要模式。其他嵌入式服务还有虚拟空间的嵌入式服务等等。

1.3.1 嵌入式学科服务

嵌入式学科服务要求学科馆员充分了解和深入到用户环境，学科馆员需要走出图书馆，走到用户身边，融入用户的教学、科研、学习过程，随时随地提供过程中需要的图书馆资源、咨询和培训。以嵌入式教学为例，简单的做法是在教师开设的课程中嵌入部分课时、用来讲授图书馆检索的知识，方便选课同学在学习专业课程的同时也掌握资料查询的技巧，以便顺利地完成专业课程的作业，更好地完成整个课程的学习。深入教学的嵌入式服务在国外大学图书馆开展较早，有良好的经验积累和相对成熟的嵌入服务流程，国内的图书馆如中国科学院国家科学图书馆和部分高校图书馆也已经采取了这种方式开展嵌入教学的服务。

关于嵌入式学科服务的方式，David Shumaker 认为有三种：物理嵌入、组织嵌入和虚拟嵌入,其中物理嵌入是指将图书馆员办公室迁移到用户办公区域;组织嵌入是指图书馆员的管理和经费来源,由用户或由中心图书馆服务监督和资助,实施一种矩阵的管理模式;虚拟嵌入指的是专门为了用户的利用在虚拟的工作空间里提供图书馆服务。初景利教授结合中国科学院国家科学图书馆的嵌入式学科服务实践以及国内图书馆学科服务问卷调查的分析结果,认为学科服务的嵌入主要体现在目标嵌入、功能嵌入、流程嵌入、系统嵌入、时空嵌入、能力嵌入、情感嵌入、协同嵌入。目标嵌入是指学科服务的目标与用户需求相一致,亦即用户需要什么就提供什么,所提供的学科服务符合用户的需求;功能嵌入是指学科馆员的角色和所发挥的作用,学科馆员必须走出自己的办公室,嵌入用户的科研或教学过程,成为其不可或缺的一部分,成为用户的科研伙伴或教学伙伴,与用户融为一体,成为一个团队;流程嵌入是指学科馆员的服务嵌入到用户科研或教学的流程之中,实现流程驱动,与科研的完整过程无缝连接;系统嵌入是指借助于系统、平台、工具等,嵌入用户的需求点和用户环境,实现情景敏感的服务,增强服务的智能水平,提升服务效率,节省服务成本,最大限度地发挥学科服务的效益;时空嵌入是指学科服务必须深入到用户的时空中;能力嵌入是指学科馆员要形成自己合理的知识结构和能力基础,同时保持知识结构的优化并与学习能力同步提升;情感嵌入是指学科馆员与用户交朋友,与其日常生活融为一体,保持密切的关系和互动,达到水乳交融的程度;协同嵌入是指学科馆员之间以及学科馆员其他业务单元以及与用户之间保持一种良好的合作关系,相互支持,相互配合。[13]武汉大学图书馆的刘颖结合国内外的相关研究和自己图书馆的实践认为嵌入式服务包括物理空间的嵌入、数字空间的嵌入、社会关系的嵌入和组织结构的嵌入。[14]

美国图书馆嵌入式学科服务的案例很多。[17][18][19]

亚利桑那健康科学图书馆(The Arizona Health Sciences Library,AHSL)设立嵌入式图书馆员,亦称联络信息馆员,分别在药学院、护理学院和公共卫生学院设立办公空间,嵌入式馆员95%的工作时间是在学院。其服务内容包括:为学院开设即时课程;定期参加学院教学会议,在图书馆专题环节介绍图书馆新闻和现有服务,寻找与教学合作的机会;提供文献检索支持;编写信息素养教程;回答有关基金、出版物和教学的信息咨询。教师视嵌入式馆员为合作伙伴,邀请他们参加实体和虚拟教学;嵌入式馆员还开发专门的课程支持网页,提供专业的信息资源聚合:热门链接(快速连接)、课堂作业支持、专业工具和专业资源等。

范德比尔特大学 Anne Potter Wilson 音乐图书馆馆员被嵌入到音乐系的课程中,讲授信息素养的相关知识,主要包括在线音乐数据库的介绍、图书馆目录的使用、基本的音乐信息源、文献引用格式以及版权和知识产权等方面内容,嵌入式馆员还参与课程讨论及批阅学生作业。佛蒙特州立大学图书馆为社区学院开展的嵌入式图书馆员项目,为逐步增加的在校生和在线学生提供教学服务,嵌入式馆员与教师合作嵌入课程平台中,以教师助理的身份提供在线服务——教师在课程平台的工具栏中设置"课程馆员"讨论板,由嵌入式馆员负责维护,包括在讨论板中发布相关的馆藏资源、检索技巧、学习指南或视频等信息,指导学生开展研究;利用 IP 视频会议和 NetMeeting 有效地提供及时的培训与指导;学生利用讨论板发布研究问题,并在整个学期都能得到个性化的帮助。这种馆员嵌入教学环节成为教师助理的方式在美国大学图书馆较为多见。

约翰霍普金斯大学韦尔奇医学图书馆的嵌入式信息专员(Embedded - Informationist, EI)项目中,10 位临床和公共卫生专业背景的馆员在相关院系设立办公空间,成为嵌入式信息专员,他们的工作任务包括:参加公开的活动如研讨会、部门会议等并在会议中简述服务;进一步参加学术俱乐部、案例会议等,深入参与到课题组的系统评价工作;创建数字门户站点,开发 Web2.0 工具等。嵌入式信息专员的定位是将馆员嵌入用户工作流程,提供"现场指导、咨询、检索",快速高效地满足信息需求。

国内的嵌入式学科服务以中国科学院国家科学图书馆为代表,上海交通大学图书馆、武汉大学图书馆等高校图书馆也各有特色。2006 年 6 月,中国科学院国家科学图书馆创立了以"融入一线、嵌入过程"为标志的第二代学科馆员服务模式,推动了学科馆员服务模式的变革、服务机制的创新和服务层次的提升。上海交通大学图书馆于 2008 年开始尝试开展面向科研团队的嵌入式学科服务,推出拜访教授、设立信息专员、开展学科专题培训、走入研究所/实验室、RSS 成果推送、利用 LibGuides 搭建学科服务平台等一系列服务举措,其中拜访百位教授计划,是面向博导级教授,由学科服务团队开展约见和拜访,随后集中汇总不同学科团队教授的科研需求,从服务角度有针对性地提出协同解决方案;信息专员是为提高对科研团队服务的针对性,由科研团队推选一或两名团队成员,作为图书馆和科研团队的信息专员,由图书馆授予聘书、对其进行图书馆相关技能培训并赋予在图书馆借阅资料和使用资源等方面的特权。[20] 武汉大学图书馆 2010 年提出了"SERVICE"的学科服务理念,"SERVICE"分别代表:S(Sincere)真诚,E(Expert)专业,R

(Rapid）快速，V（Value）尊重，I（Interaction）互动，C（Cooperate）合作，E（Easy）简单易用。"SERVICE"理念支撑武汉大学图书馆开展嵌入用户环境的学科服务。[20][21]

1.3.2 虚拟空间的嵌入式服务

虚拟空间的嵌入式服务是指把服务嵌入到用户的计算机桌面、浏览器、常用学习软件、常去的网站、热门搜索引擎和移动通讯设备等用户虚拟环境中，营造图书馆服务在虚拟空间无处不在，用户可信手拈来的局面。服务嵌入用户虚拟空间可以分为将服务嵌入计算机网络空间和嵌入移动通讯空间。

服务嵌入计算机网络空间的实现方法多种多样，目前主要有如下几种：①工具条方式。利用 UML、LibX、Conduit、IE 秀等开源软件为各种网页浏览器、Office 软件和各种教学软件添加图书馆自制的插件工具条，用工具条来实现多重资源查找功能。目前，清华大学、北京大学、中国科学院、华东师范大学、浙江大学等图书馆都开发自制了工具条。②快捷菜单方式。最典型的是中国科学院国家科学图书馆的 E 划通，通过安装 E 划通软件，用户在撰写论文、浏览网页时，碰到不明白的或者需要深入全面理解的词语，只要选择所要检索的关键词，就可以凭快捷菜单的方式激活 E 划通，查寻有关馆藏资源，无需经由图书馆网站。③桌面式的 RSS 阅读软件。可以聚合学科动态、新书通报、电子资源动态、学术讲座等信息，将 RSS 软件运行于计算机桌面下方工具栏，按个性化选择推送知识信息，即时提示消息的更新。④利用 Mashup 技术，图书馆自制书目信息扩展脚本，将脚本嵌入图书零售商、出版商或读书网站上，实现馆藏书目信息混搭至图书网站中。如厦门大学图书馆为豆瓣网制作扩展脚本，将其融入 Firefox 浏览器的扩展 GreaseMonkey 中，实现馆藏书目信息嵌入豆瓣网；清华大学图书馆利用 GreaseMonkey 脚本将馆藏信息嵌入豆瓣网、卓越网、Amazon、Google Books 等网站中。⑤开放馆藏资源，并生成 XML 格式供搜索引擎抓取，为搜索引擎抓取到的馆藏信息定制标识性文字，在限定的 IP 地址范围内供用户使用。如清华大学图书馆将馆藏资源融入谷歌、北京大学图书馆和中国科学院国家科学图书馆将馆藏资源融入百度。此外，还可以将资源融入个人数字图书馆、院系网站、学科主页、社交网站、BBS、即时通讯工具等网络环境中。[22]

1.4 协作共享的全球图书馆网络服务

谢珍、杨九龙通过文献研究和分析得出实体图书馆泛在化及网络服务泛在化是图书馆服务泛在化的实现路径的结论,[1]事实上,大数据、云计算、虚拟化、智能化等一系列技术的发展,使得图书馆之间的网络共享既成为可能、也成为必然趋势。图书馆必须充分合作,共同掌握和运用各种最新的技术手段,构建面向用户需求的泛在技术应用环境,把泛在智能技术融入到图书馆的工作中,增强个性化、互动性服务,创造全球化的信息共享环境,共同促进图书馆在新技术环境下的创新发展。

1.4.1 基于云计算的图书馆服务

云计算是基于互联网的相关服务的增加、使用和交付模式,通常涉及通过互联网来提供动态易扩展的且经常是虚拟化的资源。由于新兴的云计算服务可望从基础设施层面解决许多长期困扰图书馆网络信息管理和服务中存在的问题,因此图书馆会越来越多地考虑通过云计算来提升图书馆网络信息管理与服务的水平,降低管理与服务的成本。从服务的角度看,云计算能为图书馆提供一个泛在的能随时更新的信息服务平台,降低用户的信息获取成本,提高信息资源的利用率,延伸图书馆的信息服务。[23]

基于云计算技术的图书馆服务可以体现在如下方面:[24]

(1) 借助数据分析优化服务和主动服务

大数据时代背景要求图书馆具备搜集、存储和分析海量数据的功能。大规模数据处理云通过将数据处理软件和服务运行在云计算平台上,利用云平台的计算能力和存储能力对海量的数据进行大规模的处理。另外,图书馆自身产生的用户数据、馆藏书目数据、流通数据等也需要进行多样化的处理和分析,利用数据挖掘的结果数据主动开展有针对性的优化的用户服务,例如通过分析用户的借阅数据发现用户的借阅习惯或阅读喜好,然后主动推荐可借阅资源、推荐讲座和其他服务等;再如通过分析流通数据可以发现馆藏的利用情况,并进而作为馆藏优化和调配的依据,等等。

(2) 借助云计算技术提升图书馆自动化服务

对任何图书馆而言,大多数IT资源都用于维护现有的图书馆各种信息应用。使用专业的图书馆机构云解决方案来提升图书馆内部数据中心的自动化管理程度,将整个图书馆IT服务从系统维护转变为以提供服务为主,使得技术人员能分出精力来进行业务创新,成为半个业务人员。图书馆机构云对于那些需要提升内部数据中心的运维水平和希望能使整个 IT 服务更围绕业务展开的大中型图书馆机构非常适合。

数据是图书馆非常重要的资产和财富，所以需要对数据进行有效的存储和管理，而且普通的个人用户也需要大量的存储空间用于保存大量的个人数据和资料，但由于本地存储在管理方面缺失，使得数据的丢失率非常高。云存储系统能解决上面提到这些问题，它是通过整合网络中多种存储设备来对外提供云存储服务，并能管理数据的存储、备份、复制和存档，此外，良好的用户界面和强大的 API 支持也是不可或缺的。云存储系统非常适合那些需要管理和存储海量数据的图书馆机构。

对许多图书馆机构而言，桌面系统的安装、配置和维护都是其 IT 运营非常重要的一个方面，桌面系统的分散管理将给整个 IT 部门带来沉重的压力，而且相关的数据和信息安全不能受到有效地监控，桌面虚拟化技术可以解决这一问题。它将用户的桌面环境与其使用的终端进行解耦，在服务器端以虚拟镜像的形式统一存放和运行每个用户的桌面环境，而用户则可通过小型的终端设备来访问其桌面环境，还有，系统管理员可以统一地管理用户在服务器端的桌面环境，比如安装、升级和配置相应的软件等。

（3）加强图书馆协作共享

电子邮件、IM（Instant Messaging，即时通讯）、SNS（Social Networking Services，社交网络服务）和通信工具（比如 Skype 和 WebEx）等都是图书馆和个人必备的协作工具，但是维护这些软件和其硬件却非常麻烦，可以利用协作云解决问题。协作云可以搭建整套的协作软件，并将这些软件共享给用户，非常适合那些需要一定的协作工具，但不希望维护相关的软硬件和支付高昂的软件许可证费用的企业与个人。

云应用使图书馆不必再大量购置计算资源和管理应用软件，基于云的图书文献管理、借阅管理、用户管理为图书馆节省大量的投入；个人用户基于云图书馆的办公应用、日程管理、个人知识管理、科研论文的写作与发表等都较以往更加便利。

1.4.2 扩展图书馆服务联盟

泛在环境要求各图书馆打破门户界限，敞开图书馆的大门，向社会各界用户提供服务。各个图书馆要更好、更深入、更有针对性地服务用户：第一，打破行业限制，实现公共图书馆、高校图书馆资源真正共享。目前我国高校系统图书馆已经建立信息资源共享机制，但这种共享并没有实现完全的信息共享，高校图书馆和公共图书馆之间、各个图书馆之间的资源，由于各种条件限制，只能实现部分共享。第二，各个图书馆之间加强服务的合作，每一个图书馆由于条件限制，并不能完全满足本馆用户所提出的所有服务需求，因此各个图书馆可以建立服务的合作，各个图书馆联合起来为用户提供服务。如可以建立区域的图书馆咨询服务系统，图书馆可以把本馆不能解答的咨询问题转给能够解答问题的其他图书馆，这样将大大提高咨询服务的效率。第三，建立图书馆工作人员交流机制。目前，我国各个图书馆工作人员一般是长期固定在一个图书馆工作，直至退休，这既限制了图书馆工作人员的眼界，又不利于了解同行其他图书馆的工作情况，因此，有条件的图书馆可以建立图书馆之间的工作人员交流制度，加强图书馆工作人员相互了解、相互学习。[25][48]

1.4.3 嵌入全球知识链

泛在网络环境下，图书馆应当更深刻更主动地嵌入到日常信息活动和知识产业链中，从而更自然地融为泛在知识生态系统的有机组成部分。从微观角度看，图书馆需进一步地嵌入个人信息活动，在整个过程中源源不断地向用户输送有效的信息流，从而为个人信息活动提供强有力的智力支持。目前这项工作主要通过浏览器插件或桌面信息工具实现，但是此种嵌入方式，在服务的泛在性和服务的深度上都还有待加强。宏观层面上，图书馆当更深刻地嵌入到整个知识产业链中。当前，由于数字化造成的媒体融合，许多大型的图书馆或图书馆联盟已经渐渐开始同时扮演资源供应商和资源服务商的角色，向产业上下游一同挺进。特别是那些有独特资源或能够提供深度信息咨询服务的图书馆（如议会图书馆和研究型图书馆等），一方面慢慢成为信息和知识的提供者，另一方面依靠新型电子报纸、电子书或手持设备，提供更为专指的内容分发业务，因而也渐渐兼具一定的媒体角色。泛在网络环境下，图书馆当进一步明确定位，整合自身的信息资源和智力优势，充分利用泛在网络，深刻嵌入产业链中，为政府、企业、社会提供强大的智力支持，凸显其在知识链中不可替代的价值。[26]

第二节 智慧图书馆与个性化服务

智慧图书馆，特别是高校智慧图书馆，是指在专业馆员和高素质读者的协同驱动下，通过互联（物联）和智能技术，基于感知的智能信息环境和平台，嵌入智能数据分析机制，编织知识化的资源网络，为智慧校园的教、学、研、管提供无处不在、形式多样、主动灵活而且高效的服务。由此可见，建设智慧型图书馆的根本目的是变信息服务为知识服务，变通用化服务为个性化服务。例如，针对读者查询的问题，图书馆应不但能提供原始信息，还应能快速把检索结果组织成综述或报告呈现给用户，并按用户需要的格式导出。[27]

泛在环境下，图书馆与用户实现了即时的双向互动，图书馆可以动态地了解用户的需求，并将信息服务融入到用户具体需求之中，针对用户具体任务和具体问题提供相关的信息和知识服务，以构建开放的、融入用户过程的图书馆。泛在图书馆服务要打破传统服务模式封闭观念的局限，真正从用户需求的角度来拓展服务。图书馆服务不仅要着力于提高图书馆的信息资源占有能力和检索能力，还应该重视满足用户自身的个性化发展需要，促进用户自身能力的提高。图书馆可以将泛在服务融入到用户的学习和科研过程中去，利用知识管理技术帮助用户解决学习、科研中遇到的各种问题，并利用数据挖掘技术，建立面向用户学习和科研环境的知识发掘和应用，从用户大量的原始数据中，获取隐含的知识，主动为用户提供服务。图书馆还应善于挖掘用户的真实和潜在需求，主动与用户进行有效的沟通和协作，建立起畅通的信息需求与供应渠道，将知识服务嵌入到用户学习和研究全程，提供专门化、个性化、集成化的服务。[25]

2.1 感知服务

情境感知（Context Sensitivity）指能够收集用户周围的环境信息和工具设备信息，为其提供与情境相符的服务。由于用户的信息需求具有复杂性、多维性、异构性，且始终不断变化，并非所有情况下都一致，所以，需要根据用户的身份、个人偏好、所处环境、目标等一系列特定情境，才能在这个信息过剩的时代，真正为用户提供其所需的、精准而有效的信息服务。同时，泛在网络环境中，网络将变得如同空气和水一般，自然而又深刻地融入到人们的日常生活之中，这要求图书馆的信息服务不再是被动地等待用户需求，而是能够主动地感知用户的情境，即时动态地推送有效的信息服务。[26]

信息内容服务一般依托于数字图书馆和泛在传感网。云计算作为一种新兴的计算模式，可以促进物联网和互联网的智能融合。物联网环境下泛在图书馆的感知更加透彻，互联互通更加智能化。图书文献的智能感知，不但进一步提高了图书文献的管理和流通效率，还可以通过泛在图书馆网络，随时随地获取信息并分析形成一系列策略，实现文献与图书馆、文献与用户的智能互动，全面感知记录文献流通行为、感知记录文献与读者的互动行为，进而向用户提供个性化知识服务。[26]

2.2 订制服务/聚合服务

订制服务，也称 RSS 服务，是基于 RSS（简易信息聚合，也叫聚合内容）技术开展的个性化服务。RSS 是一种描述和同步网站内容的格式。RSS 可以是以下三个解释的其中一个：Really Simple Syndication；RDF（Resource Description Framework）Site Summary；Rich Site Summary。但其实这三个解释都是指同一种 Syndication 的技术。RSS 是 Netscape 于 1999 年提出，2003 年开始广泛应用的，最初广泛用于网上新闻频道。因其具备的过滤信息、聚合信息和推送信息的功能使图书馆推送个性化服务的理念得以实现，在图书馆的应用包括新书通告、电子期刊 RSS 服务等读者个性化信息的定制服务。

图书馆依托各自的馆藏目录、期刊目录等数据资源，通过泛在云平台向读者提供数据查询、馆藏文献搜索等数据服务。同时泛在图书馆也利用各自的用户数据库，进行在线的用户登录、身份认证、数据匹配、数据加密等基本的数据处理应用。泛在图书馆利用云平台的优势，聚合了众多图书馆以及馆藏资源优势，切合了用户对知识的需求，提供了一个几乎包容所有文献的平台，用户只要通过任何终端接入泛在图书馆平台，即可获得任何个性化馆藏资源和文献服务；通过云计算的开放接口和集成接口，可使用户根据自己的需求而获得泛在图书馆持久的聚合服务。[24]

2.3 推送服务

根据用户的需求对用户的请求进行智能分析，通过数据挖掘等技术实现主动推送，参与用户知识需求和创新，极大地提高了用户获取信息的效率。图书馆泛在云平台依据用户历史访问记录，利用语义关联技术记录用户关注领域，推断用户的特征和偏好，建立用户需求预测模型，预测用户信息关注的倾向，利用电子邮件、RSS 等手段，智能化向用户推荐相关领域的动态科研信息。云计算的自动化管理和快速交付能力，使得图书馆可以快速响应用户的请求，并通过云桌面等形式第一时间进行智能推送。[24]

2.4 预约服务

预约服务包括资源预约、空间预约、设备预约和培训预约等。

资源预约是指对图书馆的书刊等纸质资料、数字化资源等的预约服务，图书馆自动化系统除了可以对全部外借到读者手中的书刊进行预约之外，也可以对保留在图书馆闭架书库、保存本书库、储存书库等处的书刊实现"在架预约"，这些书刊可能由于对外服务时间有限，或是地理位置偏远等原因，不能随时取阅，为了满足少数读者的借阅需求，提供预约服务。

空间和设备预约是预约服务中最常见的服务形式，包括自习座位、研讨室、笔记本电脑、平板电脑和其他移动设施的预约等，空间预约一般采用预约管理系统，预约者需要通过身份验证，然后可以在线选取座位以及使用时间，预约系统免除了读者排队等待的困难，方便同学更好地安排自己的时间。

培训预约不仅可以自主选择培训的主题，也可以自主选择培训的时间、甚至一起培训的伙伴，因此非常受到用户的欢迎。对于图书馆而言，用户培训由于读者信息素质的不断提高，常常面临培训量下降的尴尬，精心准备的培训只有寥寥数人参加，真正有需求的用户又限于各种因素不能到场，不能不说是资源的极大浪费，培训预约是应该重点推广的个性化服务之一。

北京大学图书馆 2010 年起面向校内教师推出了教学素材资源预约下载服务，它是资源、设备和服务预约的一种综合尝试。对于教师教学环节中需要的各种数字化资源、尤其是多媒体资源，由于版权的限制教师常常无法下载；或者教师手头的各种资料需要随同 PPT 展示给同学，但苦于没有时间和专业设备来处理。为了满足教学过程中对于各种素材资源，例如图像图片、视频音频等资料的数字化需求，图书馆可以根据教师的版权声明（指教师签署书面协议，声明加工或拷贝的资源将仅用于课堂教学，不做任何扩散和传播）为教师提供局部或全部的数字化加工或下载（有些图像和视频资源，提供商不开放下载服务，但图书馆可以从本地服务器的后台获取或向资源提供商索取，也可以通过一些工具进行 5-10 分钟的视频截取等）；教师自身拥有版权的各种文献资料，图书馆可以根据其要求进行数字化加工，转换成数字图像或流媒体资料，方便教师进行教学演示。

第三节　自助图书馆与智能化服务

物联网、RFID、二维码和无线传感技术等的发展使图书馆的自助服务越来越便捷，从自助借还书、自助打印、自助扫描等服务终端到24小时的街区自助图书馆，越来越多地满足着读者在新技术条件下对图书馆的新需求，同时图书馆的服务手段也越来越智能化。

这四种技术是互相依赖、密不可分的。

物联网是通过射频识别（RFID）、红外感应器、全球定位系统、激光扫描器等信息传感设备，按约定的协议，把任何物品与互联网连接起来，进行信息交换和通讯，以实现智能化识别、定位、跟踪、监控和管理的一种网络。物联网技术将成为图书馆智能化的一个重要手段，它具备先进的管理模式和合理的人力资源配置，可以将低层次服务转变为高层次服务、简化人工作业、节约时间和成本、提供人性化和智能化的服务；RFID（Radio Frequency Identification，无线射频识别），又称电子标签，是一种通信技术，可通过无线电讯号识别特定目标并读写相关数据，可识别高速运动物体并可同时识别多个标签，识别工作无须人工干预，操作快捷方便。RFID技术是图书馆转变服务和文献管理模式的重要技术手段，它不但完全具备条形码的功能，而且还具备许多条形码无法企及的新功能，能够在流通服务领域发挥巨大的作用；二维码（dimensional barcode）是在一维条码的基础上扩展出的一种具有可读性的条码，按照一定的规律在平面上分布黑白相间的图形来记录数据信息。基于手机的二维码技术可以拓展图书馆传统服务、改善读者阅读体验，有效提升图书馆的基础服务能力；无线传感器网络（Wireless Sensor Network，WSN）或传感器网络技术是指将传感器技术、自动控制技术、数据网络传输、储存、处理与分析技术集成的现代信息技术，它的作用是对区域内的对象进行信息采集和协同处理，并将信息传送给观察者，这项技术有助于促进图书馆服务的智能化。[23]

3.1　自助服务终端和自助图书馆

自助服务是指在一定条件下，根据用户的阅读兴趣、需要偏好、研究重点，由用户自主地、灵活地、能动地完成以前由图书馆员按照馆员的意志和行为习惯完成的书目查询、藏书借阅、资料检索、文献复印等活动，从而实现自主服务的一种读者服务方式。[28]图书馆自助服务的发展与新技术的发展密不可分，比如 RFID 技术是自助借还服务的基础，它为图书馆的流通服务带来了全新的契机，不仅节省了大量的人力和管理成本，更为读者提供了 24 小时无间断的服务，是一种革命性的改善；自助打印、扫描等服务则有赖于先进的设备和无缝的认证机制。

(1) 自助借还系统

自 20 世纪 90 年代末起，欧美许多国家尤其是北美开始应用 RFID 技术开展自助服务，国内最早启用自助服务的应该是 2005—2006 年落成的广东东莞图书馆和深圳图书馆新馆，目前国内规模较大的大学图书馆如北京大学图书馆、同济大学图书馆、中山大学图书馆、北京理工大学图书馆等，公共图书馆如中国国家图书馆、首都图书馆、杭州图书馆等都配备了多个自助借还终端。

目前图书馆广泛应用的自助借还系统是 3M 公司的 RFID 数字化系统和读者自助借还书系统。RFID 数字化系统包括 RFID 标签、标签编写和转换设备、点检仪和馆员工作站等，配合其标签安全监测仪系统可以实现图书的全流程管理。RFID 标签中带有一枚能够重复读写和存储信息的芯片，芯片中存储了识别和追踪馆藏资料所必需的信息；RFID 标签转换站是标签编写自动设备，能快速完成条形码到 RFID 标签的自动转换；点检仪利用无线电波技术配合 RFID 数字辨识标签，由系统天线接收 RFID 数字辨识标签所发出的无线电波，藉此执行图书的上架、搜寻、排序、纠错、替旧及盘点等作业。对于读者而言，自助借还系统根据读者的借阅流程分为自助借阅系统和自助还书系统，自助借阅系统可以让读者自行操作借阅图书馆内的馆藏文献资料，避免流通柜台的拥挤与排队等候。3M 的自助借阅系统可以直接处理磁条和条形码，当加入 RFID 数字化功能后，自助借书的操作效率可以更加提升。自助还书系统则可以支持读者 24 小时不间断地自行操作还书程序，读者还书窗口操作简易，方便提高图书馆图书流通的循环速度，并可减少读者因不能及时还书造成逾期罚款而与图书馆之间产生的纠纷，减少图书馆的投诉率，提升服务品质。

(2) 自助图书馆

2006 年建成开放的深圳图书馆新馆被美誉为"第三代图书馆"，以其城市街区 24 小时自助图书馆为代表，该系统主要由自助图书馆服务机、图书馆监控中心和物流管理系统等三部分构成，其核心部分是自助图书馆服务机。自助图书馆服务机包括浏览书架、电脑操作台、网络查询台、图书信息浏览屏、还书分拣箱、现钞验收机等。城市街区 24 小时自助图书馆系统是一个完整意义上的图书馆，具备了图书馆所有的服务功能，在某种程度上甚至更为高效、便捷。通过自助服务机和网络、物流系统，读者可以得到图书馆几乎所有的服务，包括申办新证、借书、还书、预约借书、预约取书，还可以查询馆藏目录和读者的各种信息，并作为终端直接读取馆藏各类数据库。

2005年9月，东莞图书馆利用建设新馆的契机，建立了自助图书馆。东莞图书馆在不改变馆藏图书条码和磁条方式的基础上，利用3M图书自助借还、图书检测设备，结合视频监控、自动门禁、语音等系统，在馆内一楼开辟了100多平方米的独立空间，可以容纳1万多册藏书，建立可以允许读者自行借还图书操作的图书阅览空间。自助图书馆的开放时间为图书馆主馆当日闭馆到次日开馆期间，这样，读者每天都可以享受图书馆24小时的图书借还服务。

首都图书馆的城市街区24小时自助图书馆可以为读者提供申办读者卡、自助借还书、"一卡通"联网图书馆信息和馆藏状况查询、数据库查询及电子书借阅等服务：①申办读者卡：市民可持二代身份证在"自助图书馆"申办读者卡；②自助借书（续借）：持具有"一卡通"外借功能读者卡的读者可外借自助图书馆的图书，每台自助设备满载运行时可容纳400册供外借的图书；③自助还书：可完成"自助图书馆"图书、首都图书馆图书（少儿图书除外）和"一卡通"通还图书的归还，每台自助设备还书量可达800册；④OPAC查询服务：通过查询机可查询"一卡通"联网图书馆的信息和馆藏状况；⑤数据库查询：读者可通过访问"北京市公共图书馆计算机信息服务网"（http://www.bj-publib.net.cn），查询和利用数据库资源；⑥电子书借阅：读者可通过访问"北京市公共图书馆计算机信息服务网"（http://www.bj-publib.net.cn）中的数据库资源，对数据库中的电子书进行借阅和下载等操作，外借量和下载量可达10本。

(3) 自助复印/打印/扫描服务

近年来国内很多图书馆配备了自助复印打印设备，为读者提供"无人管理"的自助式打印复印服务，这种服务方式既可以节省图书馆的人力，也可以减少读者排队等待的时间，并且由于其相对低廉的收费和自助结算的模式可以大大减少纠纷，并且也是图书馆执行知识产权保护策略的一种措施——图书馆可以通过在所有自助设备上张贴知识产权保护的警示等方式，加强读者的版权保护意识、引导尊重知识产权的使用习惯，避免由于人为因素导致图书馆"带头"侵犯知识产权、无限制地为读者复印打印资料的情况发生。

北京大学图书馆、清华大学图书馆、浙江大学图书馆等大学图书馆和中国国家图书馆、深圳图书馆等公共图书馆都使用了联创自助打印复印扫描系统。该系统引入"自助式无人化"的管理模式，通过一卡通等进行身份认证和收费，做到使用者、使用时间、内容、费用的精确可控，在所有接入网的电脑上，为读者和管理员提供方便和廉价的打印复印和数字化扫描服务。

以北京大学图书馆使用的联创自助打印复印扫描系统为例，其主要的功能和特点包括：①与北京大学校园一卡通认证系统接口，读者使用北京大学的校园一卡通卡，可以直接从卡上扣除打印复印的费用，并可登陆学校一卡通系统或到一卡通中心查询该次消费的明细。读者如果需要补卡或挂失等，都只需到北京大学校园卡中心办理，联创系统会自动读取一卡通中心的更新信息。打印复印明细保存在联创的后台服务器上，可供事后查询和生成各种报表。②支持读者自助刷卡打印、复印、扫描，无人化管理。③使用者在打印时无须指定打印机，无须了解具体的打印机型号，无须安装具体的打印机驱动，也无须与具体的打印机保持连接状态，只要有需要都可以随时随地随心所欲地进行打印。④任何内容及形式文件均可打印，并能在后台服务器上随时查询打印的内容。⑤构建在学校现有的校园网平台上，充分利用学校现有的网络资源，无需额外的硬件投入，在学校里的办公电脑上、电子阅览室、中心机房和各专业机房的电脑上以及学生宿舍里的电脑上，都可以非常方便地进行打印。⑥学生直接持校园卡就可在任何自助复印点，刷卡激活复印机即可进行复印操作。产生的费用自动从卡上扣除，消费流水自动提交到一卡通中心。⑦支持自助扫描：学生在一体机上扫描的文档将自动发到学生的网络硬盘上，可根据扫描文件大小（流量）进行收费，学生登陆联创的虚拟打印驱动即可下载扫描的文件或自动传送到学生的个人邮箱。⑧收费管理：可以对每个复印、打印机单独设置费率，可以根据不同的身份设置不同的费率，并支持师生补助，支持管理教职工的打印复印专项经费。⑨属性识别：系统本身能自动识别打印、复印的纸张型号、自动识别打印、复印内容是彩色还是黑白。⑩故障管理：实时自动检查一体机缺纸、卡纸、缺墨粉、机器故障等状态，在纸偏少时会自动提醒管理员；出现任何影响一体机正常工作的状态都会及时上报管理员；并根据故障类型限制学生的使用，比如缺 A3 纸时，只能打印复印 A4；缺墨粉时禁止一切打印复印操作。其他功能和特点还有：打印属性支持选择纸型、纵向横向和单面双面打印；在终端显示上选择和删除需输出的内容；一台服务器支持多台打印复印终端，支持不同品牌的打印复印一体机；支持权限管理，按权限、级别、职责设置不同管理员的权限及密码，同时根据管理员的不同权限显示相应的内容，根据不同的身份设置不同的费率；支持查询统计等。[33]

(4) 自助编辑制作服务

随着教学模式和学习方式的改变，大学对于学生独立或协同完成生动作品的能力、对于学生的多媒体制作和展示能力，都提出了更高的要求，所以有了"多媒体素养"的提法。为了完成课程的作业，同学们常常不仅需要提交一篇文字报告，而是要提交含有实验结果或创作效果的PPT、视频短片等等，读者需要图书馆提供丰富的素材以及相关的设施，帮助他完成"作品"。图书馆能够提供的素材包括海量的图片资源、视音频资源、完备的数据库资源如电子图书、期刊、报纸等，能够提供的设施则包括各种数码前端设备如照相机、摄像机、录音笔等，采集设备如放像机、微机、各种采集软件，各种编辑制作软件和输出设备如彩色打印机、刻录机、合成机等。

台湾逢甲大学图书馆的多媒体学习站设有"数位媒体实作中心"，该中心配有种类丰富的软硬件设施，目标是为师生数字媒体课程的学习和实践提供各种自助式的编辑制作服务，主要服务项目包括：视音频编辑制作、动画制作、平面设计、网页设计、教材制作、平板电脑外借等，平板电脑上有图书馆提供的针对不同学科图书馆资源服务的App，读者可以根据自己的需要有选择地借阅和使用。

視訊編輯	動畫製作	平面設計	教材製作
音訊編輯	網站建置	桌面擷取	影像掃描
影音轉檔	DVD製作	平板電腦(iPad)	輸出列印

图5-3 逢甲大学图书馆多媒体学习站数位媒体实作中心的服务项目列项

下表罗列了逢甲大学图书馆多媒体学习站数位媒体实作中心的设施与设备：

表5-1 台湾逢甲大学图书馆数位媒体实作中心提供服务的设施清单

设施名称	数量	硬件	软件	
PC 工作站	14 部	PC 工作站 耳機麥克風 1394 視訊連接線 視訊監視器	視訊剪輯	Let's Edit、PowerDirector（威力導演）、Edius
			音訊剪輯	Audacity
			平面設計	Adobe CorelDRAW, Adobe Photoshop, Adobe Illustrator, Adobe InDesign, Adobe Fireworks
			網站建置	Adobe Dreamweaver
			動畫製作	Flash
			數位教材	串流大師，Powercam
			桌面擷取	PowerCam
			DVD 製作（燒錄）	Nero、PowerDirector（威力導演）
PC 工作站-影像掃描	2 部	PC 工作站 耳機麥克風 掃描機	項目同 PC 工作站	軟體同 PC 工作站
			影像掃描	EPSON
PC 工作站-視訊轉檔區	1 部	視訊監視器 視聽用 DVD 錄放影機（不支援 DVD+R） 視聽用 DVD 錄放影機 VHS 錄放影機 DV 錄放影機	影音轉檔	VHS 錄影帶轉 DVD DV 錄影帶轉 DVD
Mac 工作站	3 部	Win&Mac 兩用工作站（iMac Intel） 耳機麥克風		Photoshop CS2 中文版 其他軟體同 Win 與 Mac
光碟燒錄機	1 部	光碟燒錄機	燒錄機	可同時燒錄多片光碟，請自備空白光碟

续表

设施名称	数量	硬件	软件	
剪輯室（一）	1間	高階多媒體電腦 耳機麥克風	影音剪輯	Premiere、Audition、PowerDirector（威力導演）
			平面設計	Adobe CorelDRAW、Adobe Photoshop、Adobe Illustrator、Adobe InDesign、Adobe Fireworks
			網站建置	Adobe Dreamweaver
			動畫製作	Flash、After Effects
			桌面擷取	PowerCam
			DVD製作（燒錄）	Nero、PowerDirector（威力導演）
剪輯室（二）	1間	高階多媒體電腦 耳機麥克風	項目同剪輯室（一）	軟體同剪輯室（一）
錄音室	1間	錄音工作站 數位音樂工作站 數位教材工作站 混音器 音樂鍵盤 耳機麥克風	音訊剪輯	Audacity
			桌面擷取	PowerCam
			教材製作	StreamAuthor（串流大師）、PowerCam
			DVD製作	Nero
小型攝影棚	1座	小型攝影棚 棚燈	物品拍攝	小型攝影棚的背景為藍幕，方便去背，並有兩支照明燈，可將物品之陰影消除，拍攝效果極佳
iPad	21台	iPad 2 New iPad		iPad提供本校師生館內借用，可使用圖書館所購買的電子期刊、電子書、電子報紙等豐富資源。
附屬設備	數十件	配合上述剪輯、攝影、錄音棚等的使用提供的附屬設備和配件等：視訊傳輸線、DV錄放影機、繪圖板、繪圖筆、讀卡機、耳機麥克風、WEBCAM		

注：为避免歧义，本表中文字凡从网页引用的均保留了繁体字

图 5-4　台湾逢甲大学图书馆数位媒体实作中心

（5）自助学习空间

高校图书馆可以将原有的电子阅览室、书库和自习室三者相结合，以学科分类为依据，设置若干个集资源、设备、人员、空间为一体的自助学习空间，除了要最基本地满足学习环境光线、温度、通风、布局、色彩等的舒适外，还要为师生配置辅助学习创作的多媒体计算机以及各种打印、复印、扫描、传真等外围设备，提供尽可能丰富的纸质和数字文献信息资源，配备经验丰富的随时准备为师生解决疑难问题的馆员。[22]关于空间服务的内容和案例，详见本书第四章。

3.2　图书馆智能化服务

图书馆智能化服务可建立在无线传感器网络技术的基础上，无线传感器网络技术是指将传感器技术、自动控制技术、数据网络传输、储存、处理与分析技术集成的现代信息技术，它能给图书馆带来巨大的影响，可以开展各种智能化的服务：

①馆舍智能化：如用于对馆舍内电力、空调、照明、电梯和给排水等设

施进行集中检测。

②资产智能化：如对阅览室、语音室、会议室、办公室、机房等所有相关资产进行合理分配、使用和统计管理的智能化系统。

③安防智能化：如自动检测、自动报警、自动喷淋，闭路电视监控系统、防盗报警。

④通信智能化：如建立数字式程控交换机为核心的电话通信网和传真网，实现高速信息传输及电子邮件功能。

⑤办公智能化：如连接计算机信息网、信息库、高性能的计算机和办公自动化设备与相应的应用软件，实现智能办公和辅助决策。[23]

第四节 数字应用体验服务

数字应用体验服务是图书馆为了适应读者学习环境的变化，以及响应读者对于新服务、新设备的需求而开放的服务，旨在方便读者了解和体验技术的最新发展，并能切实感受这些最新技术发展在图书馆的实际应用。以北京大学图书馆的数字应用体验服务为例，它的主要服务内容包括：

①移动图书馆服务体验：北京大学移动数字图书馆于 2011 年发布，目前已有上万师生注册应用，图书馆特别提供多个品牌的平板电脑和其他移动设备供读者注册体验。

②数字化经典阅读体验：精选经典电子图书（根据北大教授或学子的推荐，从方正电子书库、汉王书城、北京大学图书馆教参书系统中选取电子图书），提供汉王、亚马逊 Kindle、台湾大同等品牌的电纸书，给北大读者不一样的阅读体验。

③多媒体课程点播：提供国外大学多媒体课件和其他相关的多媒体课程等的在线点播和移动应用。

④新技术和新设备体验服务：分别设立苹果产品专区和移动应用专区，提供苹果和其他品牌的各种数字应用设备供师生体验使用，同时提供相关的内容服务、技术支持与培训服务等。苹果专区的设备包括 Mac 一体机、Macbook Air、Macbook Pro、ipad2、ipad3、ipad mini、ipod touch 等；移动应用专区的设备有汉王、Kindle、巴诺、艾利和、盛大等品牌的不同型号电纸书和三星、联想、戴尔、华硕、索尼、宏基、微软等品牌的不同型号的平板电脑等；预装在苹果一体机上的应用软件如 Photoshop、final cut、Protools、苹果 Office、Aperture 等，预装在电纸书上的数字内容是经典阅读推荐的图书、预装在平板

电脑上的数字内容包括经典电子书、精选北大讲座、经典数字电影和北大图书馆 App。

图 5 - 5　北京大学图书馆数字应用体验区局部

随着技术的不断发展以及设备的不断更新，体验服务将越来越代表图书馆敏锐的触角，也将越来越多地涵盖图书馆的最新服务领域。由于体验服务可以让读者通过数码设备感受更加贴近读者学习生活环境的图书馆服务，所以各个图书馆都在关注和建设自己的体验服务，比较典型的案例除了北京大学图书馆外，台湾逢甲大学图书馆、上海交通大学图书馆、首都图书馆都有独特的设计。

台湾逢甲大学图书馆的知识创意工坊是集学科服务和空间服务为一体的服务区域，读者可以在这里体验数字内容，可以学习、休闲、研讨、咨询、培训和创想，其中可以算作体验区的应该是数位内容体验区和创意发想室，前者提供触控式大屏幕电视，供读者体验电子书和电子杂志阅读；后者是半开放式的空间，提供数字内容展示设备，例如投影屏幕、音响和其他多媒体设施，读者可以在这里进行小组研讨和其他演示活动。

上海交通大学图书馆在 2013 年开放了体感游戏体验区和 3D 打印体验服务，前者设在图书馆一层大厅人流最密集之处，秋季学期新生入学的时候吸引了很多新生驻足尝试，也有人质疑把这个东西放进图书馆是否太过"娱乐"了，但上海交通大学图书馆的馆员认为图书馆外部的技术确实已经发展了那个程度，让读者在图书馆里同步看到、感受到，也未尝不是图书馆的一种选择；同样，3D体验服务也是上海交通大学图书馆直面技术发展的最新举措之一，不仅开放体验区，提供打印材料和模具，图书馆还举办了3D打印设计大赛，馆员也举办了相关的培训活动——"3D打印·从想象到现实"的讲座。该讲座从3D打印的历史说起，讲述3D打印的起源和发展，全面介绍3D打印的功能、外观、材料和特性，还以3D打印实用性角度阐述其给人类的生活带来的变革，以及可想象的未来，等等。

首都图书馆少儿馆的青少年多媒体空间是为2-18岁读者打造的梦想空间，位于首图的核心地带，整个空间充满炫酷色彩——最新的科技在这里得到了充分的呈现：无线网络、电子产品、舒适的空间、数字内容……青少年多媒体空间的主要功能区域包括：

①数字阅读区域：配备适合儿童使用的桌椅、电脑、网络，设有网站过滤功能，供青少年绿色上网；

②平板电脑体验区：舒适的、色彩柔和的沙发、漂亮的小茶几和崭新的ipad，小读者可以在平板电脑上使用各类应用；

③体感游戏区：玻璃封闭的房间、大屏幕电视、体感游戏机，小读者可以玩体感游戏，亲身体验最新的多媒体技术；

④视听欣赏区：太空舱座椅、大屏幕电视，可以看电影、听音乐；

⑤影音播放区：可以举办电影放映活动，观看3D和蓝光影片；

⑥研讨学习区：可以和同学一起写作业和研讨；

⑦电子工坊：可以在大屏幕上阅览2000余册有声绘本电子书，小读者也可以自己创意设计、制作电子书。

数字应用体验服务是图书馆适应技术发展而尝试开展的一项新服务，它的服务内容与范畴、它的读者关注度和未来发展都还具有很大的不确定性。北京大学图书馆在2012年3月正式开放体验区后，进行了一轮读者调查，2013年10月开始，北京大学图书馆联合清华大学图书馆、人民大学图书馆正在进行更大范围的读者调查，调查结果显示：

①体验服务的必要性：大学生数码设备的普及程度很高、且多将数码设备用于学习用途，基于移动数字设备提供移动阅读服务是必须的、且应进一步加强的；

②体验服务的内容和范围：读者使用移动阅读设备的主要用途是阅读，

第五章　基于新技术的图书馆服务拓展　　131

图 5-6　首都图书馆少儿馆青少年多媒体空间

然后是查阅资料和订制通知，阅读方面对于经典图书、教参书、外文原版书、工具书等都有较多需求，在阅读内容提供方面应该增大力度；数字资源移动服务也应该尽快有全面的解决方案；预装数字内容或应用的终端设备（电纸书、平板电脑、U盘）外借服务也可以纳入体验服务的范畴；

③体验服务的目标：设备体验的目标是新、高端、全面，所以应该及时更新和引进新的、不同型号和操作系统的设备，让读者有最好的体验；从技术和内容的角度，体验的目标则是图书馆的资源和应用，这个不仅需要图书馆投入研发，还需要和资源提供商、设备提供商以及其他第三方广泛合作，将更多的内容让读者去体验，包括电子书刊、报纸、图书馆网站、数据库、多媒体点播、座位查询和空间预约、移动咨询服务等等；

④对于服务和未来发展的建议：应该不断增加可体验的内容、保证体验

真的能够对读者有所帮助；应该提供完善的设备使用指南，包括文字、图像和视频的指南，方便读者更好地体验设备；还应该提供相关的技术支持与培训，当读者遇到问题时有无缝的沟通机制和畅通的解决渠道。

数字应用体验服务应该与空间服务充分融合，在图书馆所有的服务空间（例如学习空间、研讨空间、培训空间、创意空间、休闲空间……）中都应该嵌入体验服务，让设备、技术、图书馆应用真正融入到读者在图书馆的所有行为当中。

第五节　新媒体技术与图书馆营销

新技术的迅猛发展改变着世界、改变着图书馆、改变着读者，图书馆的服务与读者的使用习惯都在向个性化和多样化方向发展，一个表面化的趋势是读者的到馆率和借阅率呈现逐年下降的趋势，这种趋势提醒和促使图书馆加强营销。图书馆营销简单地说就是了解读者、吸引读者、进而满足读者的整个过程，图书馆需要利用营销和推广技巧宣传其馆藏与服务，运用营销理念改进管理和提高服务水平。[36]

其实并不是所有的图书馆都面临着利用率下降的危机，恰恰相反，有些图书馆由于良好的阅读环境和地标优势，常常出现读者排队入馆、抢占自习和阅览座位的情况；各个大学的图书馆都被学生要求24小时无间断地开放；公共图书馆也不断地被要求延长开放时间……但这也并不能说明图书馆不需要营销，很多读者调查显示，不少读者对于国内的、尤其是对于大学的图书馆望而却步，他们从来不来图书馆不是因为他们不需要，而是他们"不敢去"，图书馆像一座巨大的衙门，有些读者对于图书馆里面有"深似海"的印象、对于馆员有畏惧的感受，这当然是由于建筑风格、文化等种种原因造成的，是读者不了解所造成的，但也一定是图书馆营销缺失所导致的。对于中国的图书馆，营销不仅要宣传推广图书馆的资源与服务、更要借助营销的过程改进图书馆的服务形象、增强图书馆的亲和力。

北京大学图书馆于2011年下半年起成立了跨部门的宣传推广工作小组，由所有的读者服务部门、办公室、资源建设部和系统部共同派出代表组成，目标就在于全面整合图书馆的资源与人力，"宣传图书馆资源；推广图书馆服务；树立图书馆形象"，这是一个典型的营销举措。北京大学图书馆的营销手段包括举办旨在创建品牌效应的"北大读书讲座"、"未名读者之星"评选等活动、全方位开展阅读推荐服务、整合图书漂流活动、利用"毕业季"、"迎新"、"微电影"等活动或形式营造图书馆"创新、温暖、厚积、博识"的形象、利用微博、人人网公共主页、微信公众平台等社交媒体发出图书馆的"声音"。这些营销手段取得了很好的营销效果，图书馆的各种营销活动在北京大学师生中有广泛的关注度和参与度。

5.1 运用新技术构建图书馆信息和文化环境

图书馆将成为家庭（生活）空间、工作空间之外的最佳社会空间，即第三空间，这一说法自1989年由美国社会学家雷·奥登伯格提出之后即成为图书馆界的普遍共识之一。郎杰斌通过对多家图书馆构建的空间环境的介绍和评析以及对图书馆社会价值的深入探索，得出空间体验是图书馆的核心价值之一的结论。这种认为图书馆的全部服务都是空间服务的观点近年来得到很多图书馆的认可，打造便捷、舒适、富有文化氛围的图书馆空间成为图书馆和读者的共同需求（空间服务详见本书第四章）。在空间环境构建的过程中，多媒体技术、富媒体技术、虚拟现实技术、3D技术等都将发挥关键作用。

5.1.1 图书馆虚拟导引服务

图书馆导引系统是读者利用图书馆的第一步，传统的导引系统与标识系统功能相近，虽然一般都采用触控式屏幕，但导引内容还是仅限于楼层结构、功能布局等等，以文字和平面图像为主，更像一个PPT。虚拟导引系统则运用了虚拟现实技术、3D全景技术、视音频技术、实时交互技术等等，可以实现在图书馆场景中的虚拟漫游，用户可以通过虚拟场景"真实"地感受图书馆馆舍，实现导引服务。

2008年"国家图书馆"虚拟现实系统与中国国家图书馆二期实体馆同时开通，读者在参观整体面积达8万平方米的新馆之前，可先到国图新馆二层来一次虚拟漫游。在"国图虚拟漫游"体验区内，有一个长7米、高3米的巨大屏幕。读者站在距离屏幕约5米远的地方，可伸出手指指挥屏幕上类似鼠标的箭头，画面便可依手势左转、右转、平移、前进、后退，到达任何楼层。国家图书馆的虚拟现实系统采用的是投影式VR系统，可以将计算机生成的三维虚拟空间通过立体投影仪投影到一个或多个屏幕上，也可以投影到球形屏幕上。读者可以与虚拟空间进行实时交互，计算机可根据读者的移动和操作，及时更换场景。[38]

首都师范大学图书馆2011年推出了其自主研制的"3D实景虚拟图书路径导航系统"，并于当年6月上线试运行。该系统以生动、形象、迅捷的特点,为读者带来了足不出户就能在图书馆中漫游的新体验。读者可以在逼真的 3D 虚拟环境中直观地了解图书馆的内部结构与馆藏布局,阅览电子期刊,定位所查书刊的书架信息并能实现实景路径导航,还可以与系统中其他在线读者聊天、分享视频与图片等。[39]

2013 年清华大学图书馆的虚拟化导览系统上线试运行,该系统以清华大学图书馆逸夫馆的真实场景为基础,设计了一系列的虚拟场景与闯关测试,旨在促进清华大学读者对图书馆馆藏布局、服务设施的了解,帮助大家用好图书馆。系统包含"虚拟漫游"、"照片墙"、"知识地图"、"知识闯关"四个模块。在"虚拟漫游"模块中,读者可以在逸夫馆的一至四楼的每一个阅览室、借阅区随意"驻足"、"参观";"照片墙"模块集中展示了逸夫馆和老馆包含历史文化底蕴的馆舍风貌;"知识地图"模块里,"馆藏分布"、"图书借阅"、"自助设施"、"百年历程"等预设好的图文并茂的路线帮助大家加强对图书馆布局和功能,以及个性服务的了解;"知识闯关"模块集中了新读者常遇到的问题,并有小测试穿插其中,读者可以参与在线测试闯关的活动。[40]

据报道,上海交通大学图书馆等也为读者提供了虚拟漫游系统;天津图书馆开放了三维虚拟图书馆;新加坡国立大学图书馆提供了多个分馆的网上馆舍漫游 3D Tour,等等。其中上海交通大学将图书馆简介、图书馆馆内导航图与虚拟场景显示在一起,虚实相融合、独具特色。

5.1.2 多媒体信息发布系统

图书馆信息发布的内容主要包括各种服务通知,例如闭架书库取书通知、培训通知、各种活动通知等。随着等离子、液晶等平板显示设备的普及和网络流媒体技术的进步,多媒体信息发布系统由网络媒体播放器取代了传统的纯粹的 DVD 或 PC 播放形式,功能更丰富、应用也更多元。以数字广播、移动电视、网络、桌面视窗、数字电视、触摸媒体等为代表的新媒体的广泛应用,使图书馆的信息发布正从文字发布为主向统一的多媒体信息发布系统转变。

多媒体信息发布模式融合了多媒体视频信息的多样性和生动性,实现了信息发布的远程集中管理和内容随时更新,使受众在第一时间接收到最新鲜的各类资讯。数字媒体信息发布系统将成为信息化建设的重要载体,不仅能够提供及时、全面、优质、高效的信息服务以及全新的文化氛围,还能够极大地提升环境的整体形象,这也是现代建筑、包括现代图书馆的必然趋势。

图书馆的多媒体信息发布系统从发布终端的组成来看可以包括:

①户外专业液晶显示屏：部署于图书馆大门外，主要用于播报图书馆服务政策、重大活动信息等；

②室内液晶屏：部署于各服务台口，主要用于播报各阅览室或书库的即时服务信息和通知等；

③数字电视：部署在电梯口和其他公共区域，用于播放图书馆服务消息和新闻资讯节目等；

④电子看板：采用电子化的方法，可以在LCD、PDP或LED版面上显示灵活多变的内容，而且支持内容的随时更改，不需要更换纸张。可部署在图书馆的电梯内、各楼层导引处、各台口通知张贴处等地点；

⑤数码海报：液晶屏作为显示媒介取代传统的灯箱+纸张海报方式，内部还包括存储及播放的主机，用于展示多张海报，还可以设计海报切换的动态效果以及海报播放的时长。可部署在图书馆的门口和中央大厅，用于发布图书馆的重大活动。

武汉大学图书馆数字标牌项目于2012年12月开工建设，2013年元旦正式投入使用。其数字标牌平台采取集中控制、统一管理的方式，通过星际图书馆液晶互动发布系统，将视音频信号、图片和滚动字幕等多媒体信息通过网络平台传输到显示终端，以高清数字信号播出，能够有效覆盖图书馆大厅、服务台、阅览室、学习共享空间、学术会议室、通道等人流密集场所。该平台除了发布日常重要新闻资讯、馆内规章制度、温馨提示、出借书排行榜、新书介绍、讲座预告等内容之外，还引入交互功能并与图书馆其他业务数据系统进行对接，结合书目查询库和阅读心得或评价功能，建立更具效率的借阅体系，以使读者获得更好的阅读体验；该平台还能根据不同区域和受众群体，做到分级分区管理，针对性发布信息；同时，系统可以通过节目制作形成绚丽的播放效果，给图书馆带来丰富的数字网络信息内容，创造安静、富有文化气息的场馆氛围——武汉大学图书馆利用等离子电视、液晶电视等显示终端，采用视频、静态广告、图表说明、FLASH动画等播放方式多区域地播放图书馆内部通告、视频、广告、天气预报等资讯信息，效果非常明显。[42]

武汉大学图书馆数字标牌的部署点、主要设施和功能如下：

①图书馆服务大厅入口处：落地双屏一体机，动态发布显示图书馆相关阅览室介绍以及宣传短片，方便人们进行业务办理，极大提高工作效率；

②大型阅览室入口处：46寸立式液晶一体机，每台显示终端通过网络发布图书馆最新资讯、实时公告信息；

③学术报告厅门口：壁挂 55 寸液晶一体机，对学术报告的内容时间等信息进行实时发布；

④电梯口：壁挂 46 寸、26 寸液晶一体机，播放图书馆形象宣传图片、视频，实时时间天气等信息，提升整体形象。

图 5-7　武汉大学图书馆数字标牌系统

清华大学图书馆在 2010 年秋季学期对北京多家多媒体信息发布系统提供商的产品进行了功能性、易用性和稳定性测试，并给出多媒体信息发布系统在其图书馆应用的初步方案：

①图书馆大门口的信息发布：图书馆当日新闻、图书馆报告厅的学术报告信息、新到图书、新进数据库、图书馆新服务项目、图书馆最新通知、学校当日新闻、天气预报等内容及时显示给读者，以帮助读者充分利用排队时间高效地获取有用信息。

②电梯口与楼层入口的信息发布：播放本层的三维地图、本层书库信息以及其他楼层书库信息，另外也可以滚动播放图书馆新闻等。

③书库门口的信息发布：该书库基本信息（藏书量、种类、分布图等）、学科最新到书、借阅排行最高图书、学科最常用参考书、评价最多图书等信息显示出来供读者参考，且数据库实时更新的数据将自动地被多媒体信息发布系统获取并在相应的显示屏上显示出来。

④图书馆公共计算机机房、研讨小间、会议室门口的信息发布：公共计算机机房的剩余机位信息、研讨小间的预约占用信息以及会议室使用预定等

信息在这些房间门口的显示屏上揭示出来,供相关的同学们和图书馆教师参考使用。

⑤借还书处的信息发布:超期图书信息、预约到书信息、图书馆借阅次数最高图书排行等统计信息发布。

⑥插播紧急通知、播放闭馆音乐等。[41]

5.1.3 电子阅报系统

前面提到,多媒体信息发布系统亦即数字告示系统也可以用来提供新闻资讯服务,但基于数字报纸内容的电子阅报系统更符合读者在图书馆获取新闻资讯服务的需求。以方正触摸屏电子阅报系统为例,外观是大尺寸触摸屏,以其直观的形象、宽大的视野、新颖别致的交互体验方式,向读者提供触摸阅读服务;可以提供的数字内容是每日实时更新的电子报纸、艺术图片、电子图书等等。电子报纸来自国内与方正公司合作的数百家报社,包括人民日报、北京日报、天津日报、湖北日报、华商晨报等,图书馆可根据自身的服务需求选择性地订购;艺术图片来源于方正公司的一个多媒体资源库,该库收录了数百万张的艺术图片,同时购买该库和阅报系统的图书馆的读者可以在阅报系统上触摸访问图片库中的资源。

当然,除了方正,国内还有很多家同类的电子阅报系统可以面向图书馆用户提供新闻资讯服务和其他数字内容的展示服务,很多图书馆的入口处、报刊阅览室和休闲区域都放置了电子阅报系统,成为图书馆必不可少的设施之一。

首都图书馆在不同的阅览区域配备了具有不同数字内容的触摸式阅读系统,入口处和服务大厅放置的阅读系统以电子报纸阅读为主,主要供读者阅览新闻和生活资讯信息;期刊阅览区的阅读系统则预装了数十种电子杂志,配合阅览区的服务功能;视听文献借阅区配备了数字视听资料的触控式点播服务系统。

5.1.4 展览服务

展览服务是图书馆文化形象营造的最重要的形式之一,图书馆的展览服务有两种主要的形式,一种是图书馆主动策划的关于图书馆资源、服务或历史等方面的专题展览,另一种是提供场地,引进外部资源例如出版机构、艺术团体等前来图书馆开办书展或文化展览,为读者营造良好的文化氛围。展览场地的多媒体、新媒体技术的应用,以及同步的网上展览,是现代展览服务的特色之一。

公共图书馆由于本身具有区域文化服务的功能，常常代表一个城市、一个省甚至整个国家的文化服务水平，所以尤其重视展览活动的策划。以首都图书馆为例，该馆设有专门的策划部门，专门负责各项活动的组织和策划，其包括展览在内的大小活动每年达数百场，2013年的大型展览有20余场，著名的如"继往开来、再铸辉煌"全国书画展、"相约北京"之"拉美艺术季"系列展览、茅子芳雕刻艺术展、残疾人书画展、智利摄影展、一百年前的北京社会——西德尼·甘博摄影图片展、伊朗文化周展览、首届北京摄影艺术大展、诺贝尔奖获得者北京论坛主题展、2013年北京国际书法邀请大展、"我的梦 中国梦"——首都宣传系统离退休干部书画/摄影/手工艺作品展、秋实华艺——北京民间艺术新人新作展、"沈通电力杯"全国书画大奖赛暨海外华侨华人书画家作品展、"美丽中国"共和国将军部长名家全国书画联展，等等。首都图书馆的展览设计精美、规模宏大，并且非常重视多媒体和新媒体技术的应用。[35]

大学图书馆的展览活动与公共图书馆的普遍差异在于更加重视馆藏资源和服务的展示，以美国芝加哥大学图书馆为例，他们非常重视特藏资源的搜集、展示和研究服务，其中多媒体技术在展览和研究服务方面的应用尤其值得一提。位于Regenstein旧馆和新的储存图书馆之间的特藏研究中心由现代化的展厅、创新的研究和教学空间构成，提供设施设备用于特藏资源展示和用于支持个人/小组/班级的资源研讨。芝加哥大学图书馆所有的特藏都是可以借阅的，并且设有专门的研讨室供给特藏研讨者借用，研讨者可能就是几个学生，他们在做某一个作业或者进行某项专题研究。为了保护、同时也为了方便读者使用特藏，他们采取了很多措施，尤其是应用多媒体设施，例如投影和液晶电视等。在其"圆桌会议型"布局的特藏研讨室中，讲台上设有控制面板、讲台上方设有投影仪，讲台后面的墙上装设了两台大屏幕液晶电视——这里的投影镜头是朝向讲台台面的，珍贵的特藏资料可以平摊在讲台上，通过投影仪将书页的内容影像切换到液晶电视上（特别珍稀的资料有时还要由图书馆员戴上手套轻轻翻阅），供在场的研讨者观看；另一台液晶电视连接了电脑，研讨时可以随时查询网络或使用电脑。[43]

5.2 基于新技术的图书馆服务宣传和推广

近年来，图书馆在服务宣传和推广方面投入的资源和人力越来越多，也越来越重视宣推的效果，除了认真发掘资源和服务的特色、分析读者的需求以及接收信息的渠道以外，常见的方式就是充分运用新媒体技术，让读者更便捷地接收图书馆的通知和其他服务信息,例如在图书馆门户上发布轮播图片;在学校门户、论坛和社交媒体网站上发布图文信息;在各种多媒体终端上发布电子海报;以用户喜欢的方式(如微电影)营销图书馆形象等。

以北京大学图书馆为例,其宣推活动中的阅读推荐活动形式丰富、内容多样,包括名人名家主讲的读书讲座、阅读书目展、好书排行榜、图书漂流等活动,其中阅读书目展根据展览时间和读者需求设立不同的展览主题,展览书目在图书馆网站上同步推送,也会及时在图书馆官方微博和人人网公共主页、微信公众平台上每周发布好书推荐的图文信息;好书排行榜不仅有图书馆通过系统借阅数据生成的推荐榜、也会及时关注出版界、书评界、文化机构和其他权威机构等的最新排行榜,通过图书馆网站发布给大学读者。北京大学图书馆配合其资源发现系统的启用、图书馆馆舍改造等活动策划了"情报达人搜索大赛"和"你心中的北大图书馆"设计大赛等,均充分利用网络平台设计问卷、提供素材、接受作品提交、阅卷评审等,充分展现了图书馆的技术支持能力。

微电影是近年来图书馆营销的新思路之一,因为营销最主要的目标就是嵌入用户的信息源中,以用户容易接受的方式和便捷接收的渠道将图书馆的信息推送过去。自清华大学图书馆的《爱上图书馆》系列短剧在网络上赢得了20余万次的点击量之后,图书馆人逐渐意识到,图书馆营销可以采用的媒介原来不止图书馆和大学的网站、BBS、大屏幕和海报栏等"围墙"之内的那些"地点",更在广阔的网络天地间、社会公众中。[37] 营销需要吸引更多、更广泛群体的关注,这样才能反过来影响更多直接使用图书馆的用户,并能促进图书馆的服务,北京大学图书馆于2012年馆庆期间拍摄的微电影《天堂图书馆》就以其艺术化的气息、厚重的人文底蕴以及温暖的故事感染了众多网友,成为一次成功的基于社会化媒体的图书馆营销。

微电影是一种新的媒体制作和传播方式,以微播出平台、微投资规模、微制作周期、微时放映等"四微"特征为标志。微电影的内容精辟简短,以故事为主体,通过故事内容和情节来侧面宣传想要表达宣传的主体。微电影的题材大多来源于生活,内容贴近生活,更容易被观众所接受,近年来被社会各界用于各种行业的营销,图书馆也适逢其会。北京大学图书馆的微电影《天堂图书馆》被定位为纪念型微电影[44],主要是因为该片是于2012年北京

图 5-8　北京大学图书馆 2012 年纪念微电影《天堂图书馆》海报

大学图书馆纪念建馆 110 周年①而拍摄，但该电影更重要的功能是形象营销、是对图书馆创新服务的宣传。《天堂图书馆》通过讲述一个祖孙间温暖的故事来展现北京大学图书馆的历史与现在——孙女为视力下降的爷爷录下羁绊一生的图书馆的声音，爷爷在梦境中重历图书馆，完成对魂牵梦萦的环境的溯源；而作为传承和新一代的孙女小夏，也经历了与图书馆的和解，进而成长、完成对图书馆这一堪称母体的存在的回归与抵达。微电影交织了北京大学图书馆厚重的历史和独特的人文精神，交织了图书馆及其中人们的过去与未来。这部微电影是北京大学的学生创作、导演、拍摄和演出的，更有图书馆员倾情演出，不仅是从学生的视角出发看图书馆，更充满"真实"的气氛，因而很容易引起感动与共鸣。《天堂图书馆》在优酷网、56 网等视频分享网站上线后，不到一个月的时间就突破了 30 万次的点击量，反映出微电影作为一种新的宣传片形式以其新颖、受众多、易被接受、制作简单等的特点获得了广泛的欢迎和和普遍的认可。

---

① 2013 年 10 月之前北京大学图书馆一直以当年京师大学堂藏书楼开放服务的 1902 为建馆年，并于 1992、2002、2012 年等年份隆重举行庆祝活动。2013 年北京大学图书馆古籍部工作人员在古籍编目工作过程中发现了重要的文献证据，从而将北京大学图书馆的建馆年份从 1902 年上溯到 1898 年，与北京大学校史同步。北京大学图书馆上书学校并已获得批示：自 2013 年 10 月起，北京大学图书馆将以 1898 年为建馆年，所以 2012 年实际上已是北京大学图书馆建馆 114 周年。

5.3 社交媒体网站推动的图书馆服务创新

随着读者对社交媒体网站依赖性的增强，图书馆纷纷通过微博和微信等社会化媒体与读者建立互动，也便于更有效地向读者宣传图书馆的资源、服务和理念。

以微博服务为例，根据为图书馆员服务的维基网点—Library Success、NFI 研究所和 Lindy Brown 的统计，国外已有 700 多个图书馆微博站点。另据 NFI 的"公共图书馆 Twitter 人气排名"统计，排名第一的纽约公共图书馆，关注者达 32 000 多名，还有如美国的耶鲁大学科学图书馆、加拿大的瑞尔森大学图书馆和档案馆、英国的布鲁内尔大学图书馆、韩国的延世大学图书馆等也在 Twitter 上有不错的表现。国外图书馆微博提供的主要服务内容有新闻消息类、链接中转类、内外交流类、参考服务类以及为特定事件的专门报道。新闻消息类主要是活动信息、新到书目及各种资源预告等；链接中转类主要是由于微博字数限制而提供的获取完整内容的链接；内外交流类多是为方便读者与馆员交流；参考服务类多提供问题解答等服务；为特定事件专门报道主要是报道会议、活动等。[45][46][47]

国内图书馆微博大多以新浪为服务提供商，使用新浪微博开设相关图书馆微博，如中国国家图书馆、首都图书馆、清华大学图书馆、北京大学图书馆、武汉大学图书馆、厦门大学图书馆、重庆大学图书馆等。根据分析调查，利用微博开通的服务主要有推荐服务，如新书发布，推荐书目等；参考咨询，即读者问题解答；资讯发布，包括发布一些讲座、活动等信息；宣传推广，主要是图书馆形象营销，包括策划一些栏目以配合节庆、时事、读者喜好等，在各种可能的情况下发出图书馆的声音，表达图书馆的温情。[45]

再以微信服务为例，目前国内图书馆均以腾讯公司为服务提供商，利用微信平台打造一个公众订阅号，利用这个公众订阅号可以群发文字、图片、语音三个类别的内容。目前已经开通微信服务的图书馆有北京大学图书馆、清华大学图书馆、北京第二外国语学院图书馆、厦门大学图书馆等，利用微信开通的服务主要有三种，一是通知服务，发布各种讲座、活动信息等；二是互动服务，回答读者咨询；三是宣传服务，策划一些栏目向用户介绍图书馆的珍藏、介绍图书馆的历史、发布图书馆员的摄影作品等。

人人网是 SNS 社交网站，由千橡集团提供服务支持。人人网通过提供发布日志、保存相册、音乐视频等站内外资源分享等功能，搭建了一个功能丰富高效的用户交流互动平台。人人网是由校内网更名而来，目标是让社会上所有的人都可以来到这里、跨出校园内部这个范围。不过人人网仍然是以在校学生为主力的社交网络，受到广大在校生的青睐，因此大学图书馆非常重视人人网公共主页的建设，目前已经开设的有北京大学图书馆、清华大学图书馆等。人人网公共主页上的服务和微博类似，包括推荐服务、参考咨询、资讯发布和宣传推广等。

北京大学图书馆是为数不多的同时开通企业微博、人人网公共主页和微信公众平台的图书馆之一，2013年6月6日同步开通三大社交媒体平台，并在不到半年的时间内微博粉丝超过3 000人、人人网公共主页关注超过5 000人、微信公众平台关注超过4 000人。据微博舆情监测统计，北京大学图书馆微博的每周粉丝净增量超过45%，活跃粉丝比始终超过95%；老访客的访问频率超过75%，博文转发率最高达到5万多次，说明北京大学图书馆微博是非常活跃和成功的。北京大学图书馆利用三大社交媒体网站开展了一系列创新服务，除了常规的资讯发布、咨询回复之外，策划了一些固定的话题、栏目和功能来宣传和推广图书馆的资源与服务、营造图书馆的形象，例如：

①好友添加：针对人人网，从关注北京大学图书馆人人网公共主页的读者中，筛选出与北京大学有直接关系的在校学生、校友、教职员工进行好友添加，积累转发素材，培养关注者人群；

②每日分享：每周7天进行状态、日志、照片、视频的搜索，并选取与北京大学图书馆、图书馆学界有关的信息进行分享转发；

③音乐下午茶：以图书馆闭馆音乐宣传为导向，介绍每月更换的图书馆闭馆音乐的信息、专辑信息，同时加入馆藏信息方便读者试听整个专辑；同时也推荐其他经典音乐作品，提供作品介绍和在线试听，提升音乐素养和宣传多媒体馆藏；

④光影图书馆：发布关于图书馆历史、建筑、设施、图书馆内部工作流程与工作内容、读者在图书馆的学习生活等方面的摄影作品或图片，每周一次；

⑤图书馆员看世界：发布北京大学图书馆馆员的摄影作品，随机发布（发布在图书馆微博上的摄影作品很受关注，馆员拍摄的北大风物照片被学校统战部"美在燕园"摄影展收录）；

⑥馆藏撷珍：展示北京大学图书馆的特色资源，以古籍和民国、西文特藏文献为主，每周两次发布，发布内容包括图片（书影或缩略图）、资源内容、资源特点、馆藏位置等信息；

⑦好书推荐：每周推荐一本图书馆馆藏的优秀图书，发布内容包括图书

封面图片、作者、内容介绍、馆藏信息、索书号、书评或推荐理由等。

微博、微信、人人网等的影响力日益增强，借助国外图书馆的微博应用探索的宝贵经验，国内的图书馆界的微博实践如火如荼地展开，微信公众平台和人人网公共主页的服务也在积极开展。在积极探索的同时，图书馆不仅要成为微博、微信和人人网平台的使用者，也应成为微博技术、微信互动技术等的推动者、应用者，乃至创新者。

参考文献

[1] 谢珍，杨九龙. 泛在知识环境下图书馆服务泛在化研究［J］. 江西图书馆学刊，2010（1）：6-9.

[2] 初景利，吴冬曼. 论图书馆服务的泛在化——以用户为中心重构图书馆服务模式［J］. 图书馆建设，2008（4）．62-65.

[3] 李臻，姜海峰. 图书馆移动服务变迁与走向泛在服务解决方案［J］. 图书情报工作，2013（4），32-38.

[4] 张美萍. 泛在信息环境下图书馆信息资源建设［J］. 图书馆服务创新与未来发展——北京大学图书馆第十一届五四科学讨论会论文集［M］. 北京：北京大学图书馆，2013（11）：1-7

[5] ［美］杰夫·豪著. 众包：群体力量驱动商业未来［M］. 北京：中信出版社，2011.

[6] 盛芳，耿艾莉. 网络环境下高校图书馆的四项工作的众包策略. 图书馆论坛，2012（1），15-19

[7] 赵宇翔，范哲，朱庆华. 用户生成内容（UGC）概念解析及研究进展［J］. 中国图书馆学报，2012（9）：68-81.

[8] 魏群义. 重庆大学图书馆管理系统 ADLIB2.0.［2013-12-07］http：//www.docin.com/p-24437787.html

[9] 掌上国图.［2013-12-07］http：//mobie.nlc.gov.cn

[10] "变革与走向：重新定义大学图书馆的未来"国际会议暨环太平洋数字图书馆联盟2012年年会讲稿.［2013-12-07］.http：//conference.lib.pku.edu.cn/2012/wp-content/uploads/2011/12/PKUL2012CONFERENCE.pdf

[11] 盛大文学与上海图书馆合作.［2013-12-07］http：//tech.qq.com/a/20120528/000273.htm

[12] 司莉，邢文明. 我国高校图书馆嵌入式服务的策略选择［J］. 图书情报知识，2012（4）：46-52，63.

[13] 初景利. 学科馆员对嵌入式学科服务的认知与解析［J］. 图书情报研究，2012（3）：1-8，33.

[14] 刘颖. 嵌入式学科服务创新模式研究——基于嵌入性理论的思考 [J]. 图书情报工作, 2012 (1): 18-22, 59.

[15] 范丽娟. 众包对图书馆的影响及其运用. 图书馆建设, 2011 (1): 89-92.

[16] 赵景明, 时永梅. 图书馆众包模式的理论与实践研究 [J]. 图书馆理论与建设, 2011 (8): 12-13, 22.

[17] 李金芳. 美国高校图书馆嵌入式学科服务的典型案例研究 [J]. 图书馆杂志, 2012 (11): 73-77.

[18] 谢守美. 美国嵌入式学科服务实践及其启示. 图书馆建设, 2011 (5): 60-62.

[19] 谢守美. 泛在知识环境下嵌入式学科服务研究 [J]. 图书馆工作与研究, 2013 (1): 27-29, 42.

[20] 宋海艳, 郭晶, 潘卫. 面向科研团队的嵌入式学科服务实践探索 [J]. 图书情报工作, 2012 (1): 27-30, 148.

[21] 张翔. 基于SERVICE的嵌入式学科服务营销——武汉大学图书馆学科服务探索. 大学图书馆学报, 2011 (5): 73-76.

[22] 陈廉芳, 许春漫. 高校图书馆嵌入式创新服务模式探讨 [J]. 图书馆工作与研究, 2010 (8): 4-7.

[23] 韦成府, 吴越. 技术引领图书馆探索未来 [M]. 图书馆服务创新与未来发展——北京大学图书馆第十一届五四科学讨论会论文集. 北京: 北京大学图书馆, 2013 (11): 334-339.

[24] 王红. 基于云计算的泛在图书馆个性化知识服务模式探讨 [J]. 情报科学, 2012 (8): 1196-1199, 1257

[25] 杨灵芝. 泛在环境下图书馆服务创新研究, 情报科学, 2012 (3): 347-351, 386.

[26] 段宇锋, 王舒君. 关于泛在网络环境下图书馆应对策略的几点思考 [J]. 图书馆论坛. 2012 (5): 26-30.

[27] 陈进. 数字图书馆憧憬. [2013-12-07] http://www.sal.edu.cn/2012/Rc_check.asp? detail_id=103&id=

[28] 金泽龙, 梁淑玲. 论图书馆自助服务利与弊 [J]. 图书馆工作与研究, 2005 (1): 38-40.

[29] 王力朋. 高校图书馆移动数字应用与泛在化服务. 图书馆服务创新与未来发展——北京大学图书馆第十一届五四科学讨论会论文集 [M]. 北京: 北京大学图书馆, 2013 (11): 184-188.

[30] 胡春波, 陆幸幸. 大陆地区24小时自助图书馆调查与反思 [J]. 图书馆杂志, 2012 (7): 48-50.

[31] 吴晞. 自助图书馆的事儿 [J]. 图书馆论坛, 2011 (6): 134-139.

[32] 肖鹏, 何兰满, 郭晓敏. 自助图书馆布点研究——以广州市自助图书馆布点策划

为例 [J]. 图书情报工作, 2011 (3): 88-92.

[33] 联创校园自助打印复印系统. [2013-12-07] http://www.unifound.net/product/664.htm

[34] 台湾逢甲大学图书馆多媒体学习站. [2013-12-07] http://media.lib.fcu.edu.tw/

[35] 首都图书馆网站. [2013-12-07] http://www.clcn.net.cn/

[36] 张国杰. 新技术环境下高校图书馆营销与推广研究 [J]. 河北科技图苑, 2013 (4): 44-47.

[37] 彭陶. 超越技巧：图书馆营销的再思考. 图书馆服务创新与未来发展——北京大学图书馆第十一届五四科学讨论会论文集 [M]. 北京：北京大学图书馆, 2013 (11): 381-384.

[38] 国家图书馆虚拟现实系统. [2013-12-07] http://www.nlc.gov.cn/newvr

[39] 王硕. 基于 Virtools 的 3D 虚拟浏览技术在数字图书馆建设中的应用——以首都师范大学图书馆 3D 图书导航系统为例 [J]. 现代图书情报技术, 2011 (7/8): 121-126.

[40] 清华大学图书馆虚拟导览系统. [2013-12-07] http://VN.lib.tsinghua.edu.cn

[41] 远红亮. 多媒体信息发布系统及图书馆应用 [J]. 现代情报, 2011 (7): 85-89.

[42] 武汉大学图书馆部署星际互动数字标牌信息发布系统. http://tieba.baidu.com/p/2260718228 [2013-12-07]

[43] 朱强, 张红扬, 刘素清, 张春红, 周春霞, 黄涛. 感受变革 探访未来——美国三所著名大学图书馆考察报告 [J]. 大学图书馆学报, 2012 (5): 5-12, 17.

[44] 王东宁, 汤萍. 好想告诉你——宣传片所含信息分析, 以北京大学、清华大学图书馆宣传片为例, 北京大学信息管理系信息素养概论课程作业, 2013.

[45] 韦成府. 数字图书馆的微博服务技术研究. 图书馆服务创新与未来发展——北京大学图书馆第十一届五四科学讨论会论文集. 北京：北京大学图书馆, 2013 (11): 340-344.

[46] 李金波. 国外图书馆微博客建设及其启示 [J]. 图书与情报, 2011 (1): 70-73.

[47] 李知桐. 微博客在图书馆中的应用现状研究 [J]. 内蒙古科技与经济, 2011 (15): 115-118.

[48] 武群辉, 李卫峰. 基于用户需求的图书馆泛在化服务模式 [J]. 图书馆学刊, 2012 (7): 95-97.

[49] 张春红, 廖三三, 巩梅, 张学宏, 张慧丽, 张宁, 朱本军. 变革与走向：共同探索图书馆的未来——北京大学图书馆建馆 110 周年国际研讨会暨 PRDLA2012 年年会综述 [J]. 大学图书馆学报, 2013 (1): 5-14.

第六章 展望

　　从历史上看，技术的发展一直推动和促进图书馆的发展。近年来，技术发展更是日新月异，图书馆也在以前所未有的速度发展变化，技术进步和创新给图书馆带来更大的发展机遇，图书馆专家们认为图书馆正面临新一轮的发展变革：张晓林早在 2007 年就做了以"重新定义国家科学数字图书馆"为题的报告；王波认为：在新世纪第二个 10 年，大学图书馆将发生"第三次革命"，逐渐进入到"数字资源海量的科技空间加艺术体验美妙的学研空间"的新阶段；公共图书馆积极倡导探索图书馆"第三空间"运动……在技术的驱动下，在网络普及化、信息泛在化、移动设备大众化和虚拟现实技术等发展的大技术背景下，图书馆将进入新的发展时期。

第一节　图书馆将被重新定义

　　随着技术的进步和社会的发展，图书馆是不断发展，不断成长，不断变化的。在目前信息技术飞速发展，技术应用迅速普及，信息资源铺天盖地的社会大背景下，图书馆在新时期的新面貌、新特点、新形态、新任务正在被重新定义、并将在未来不断被重新定义。

　　新技术背景下，用户的信息环境发生了很大变化，用户的需求、用户获取信息的途径、用户的信息素养等都发生了很大的变化，用户对图书馆的期望也发生了很大的变化。为了满足新时期用户的需求和期望，图书馆需要重新审视自己，明确新时期图书馆的新任务和核心竞争力，明确新的信息环境和信息泛在化大背景下如何满足读者的新需要，为读者提供不可替代的优质资源和服务，以期不要出现学者担心的图书馆即将消亡的境况。新的信息环境下用户信息需求、信息行为、学习方式等用户研究也将是图书馆研究的重大课题。

　　网络的普遍覆盖以及手持移动设备的广泛应用、泛在化的信息环境、使得图书馆不再拥有信息的独占优势，图书馆老旧的服务模式和服务内容也受到了挑战，图书馆的地位和作用需要重新定位和思考。现在时髦的"百度知道"、"维基百科"、"google 学术搜索"等互联网公司提供的信息服务,以其简单的搜索方式、强大的搜索能力、对多平台、多设备支持的灵活性等特点,越来越成为用户满足其信息需求的途径;网络出版、用户参与、开放存取的兴起,一些最新的信息用户可以以最快、最便捷的途径得到,这使得用户获取信息的渠道大大丰富,用户可以利用手边的任何工具与全球相关的人员进行交流和分享,图书馆不再是用户获取信息的首选。这些大量涌现的数字出版形式、新的信息传播渠道、便捷的信息接入方式,使得图书馆不得不对自己进行重新定位。图书馆的服务内容、服务方式等的调整和改变也将是图书馆以后面临的重要课题。

随着新技术的发展和新技术在图书馆的广泛应用,图书馆拓展了许多新的服务:移动图书馆服务、虚拟咨询服务、移动阅读服务、嵌入用户的学科服务,用户信息推送服务等等。面临着新技术的飞速发展,图书馆在积极实践,随着新技术在图书馆的应用和服务方式的日益丰富、服务内容的深化、个性化发展,图书馆需要对已有的服务方式和内容进行优化和整合,并审视这些新的服务方式的服务效果,也要求从理论上对图书馆进行重新的定义。正如柯平所说:"理论本来是应当走在实践前面的,而当图书馆发生如此深刻的改变并有可能彻底改变之际,图书馆的定义必须发展并努力追赶到领先实践的位置。"[1]

第二节 泛在图书馆将逐步推进

任何人任何时间任何地点可以获得任何信息资源,这一直是图书馆的理想,也是图书馆用户的希望。技术的发展为这一理想的实现提供了支持。

2.1 泛在图书馆不再仅仅是蓝图

在信息技术发展和网络发达以前,图书馆服务仅可覆盖图书馆建筑之内或周边;没有电脑、手持设备等阅读终端的普及,远离图书馆的人群使用图书馆的资源成本很高。但随着技术的发展,任何人、任何时间、任何地点获得任何信息资源这一蓝图正在逐步成为现实,图书馆也一直在利用新的技术致力于泛在图书馆的实现。较之以前,当前图书馆用户已经可以足不出户获取图书馆的部分资源:普遍覆盖的网络,尤其是无线网络的发展、电脑及手持阅读设备的普及,使得任何人在任何地点接入图书馆成为了可能;图书馆近些年关注和实施的移动图书馆、开放获取运动、用户生成内容的搜集与利用、移动阅读、即时通讯（IM）和博客、微博、微信等社交媒体工具的利用、虚拟现实服务等等，使得用户可以便捷地与图书馆互动沟通和咨询、可以随时看到图书馆的服务和资源动态、可以检索和翻阅部分的图书馆资源、无论在哪里都能获得在图书馆身临其境的感觉……随着技术的进一步发展，泛在图书馆战略将进一步实施，无所不在的图书馆将会充分融入用户学习环境、工作环境和日常生活。

2.2 资源泛在化是重点

要做到图书馆的资源触手可得，首先就要加强数字化资源建设。毫无疑问，纸本资源等传统载体的资源由于其载体的不可共享性和传播途径的局限，导致了其受众的局限性，而数字资源则能满足"触手可得"的要求。在新的信息环境中，无时无刻不在产生大量的信息和数据，而信息的来源不仅仅是出版商，数据库集成商等，任何个人都可能通过网络终端创造新的信息和知识。C. Tenopir 在《走向电子期刊》一文中预言，尽管印刷本仍然主导期刊出版，但这种角色将很快黯然失色，学术期刊将趋向依赖电子形式。[2]而开放存取运动的兴起，也使得开放存取的资源日益丰富……面对来源众多和瞬息万变的信息资源，图书馆就要利用自己在长期实践活动中形成的行之有效的收集、组织、揭示、传播和利用文献的完整体系和优势，结合先进技术，建立有效的机制来统筹各类信息资源，尤其是数字化资源，进一步加强图书馆信息资源建设[3]，尤其要加强开放存取资源的建设、机构仓储等特色资源的建设、用户标注等用户创建资源的建设和管理等。图书馆应该致力于各图书馆之间数字资源的共建共享，努力为用户打造一个资源无限丰富、互联互通的资源体系，使得用户无论何时何地接入网络，都能获取自己需要的资源和服务。

要做到图书馆的资源触手可得，其次要关注检索技术的发展。用户呼吁更简单、更便捷的检索方式，加拿大图书馆与档案馆战略规划的"变革方向"强调"以用户为中心的关键是使其简单化"，要求图书馆工作内在的复杂性必须向用户隐藏起来，用户不需要也不会想了解其获得某个资源需要图书馆付出多少的努力。用户需要的只是能简单地发现、使用和理解图书馆的资源。任何复杂的系统，无论其内容有多么好，都难以得到用户的有效利用。图书馆是为用户而创造的，而不是为图书馆自己而创造的。[4]新的检索技术要使图书馆提供的资源检索方式变得更加的简洁、方便、易用、快速、智能。如 Google、百度等检索框式的检索将会广泛应用到图书馆。用户需要的是可以用简单的检索框检索到所需要的所有类型的资源：中文的、英文的……不论何种语种；图书、期刊、报纸……不论何种文献类型；开放的、购买的……不论何种渠道；图书、文章、章节、知识点……无论什么层次；音频、视频、图片、文字……无论什么格式。用户需要的是手边有什么设备，轻轻点触，需要的资源可以以用户自定义的方式展现出来，而且各类型资源之间并不是孤立的，是按照知识网络关系自动地重组和展现的。

  要做到图书馆的资源触手可得，还要能以"用户为中心"灵活自动地组织信息资源。用户分析技术的发展和应用，可以提高图书馆的信息推送能力，用户一登陆图书馆，图书馆系统就会根据用户数据分析用户使用习惯，推送用户可能感兴趣的某些主题的信息，用户甚至可能不需要检索，其可能需要的资源便呈现出来。关联数据检索、语义检索技术的应用，使得用户检索某主题资源的同时，系统也会推送给用户其可能感兴趣的其他主题。

  对图书馆用户而言，不必掌握许多数据库的不同检索技术和检索方法，不用逐个数据库去搜索，不用逐个文献类型去排查。简单的检索方式＋用户信息分析＋关联数据推荐＋个性化的用户结果呈现，使得用户需要什么信息资源都能利用手边的设备便捷地得到。

2.3　服务泛在化是必须

  泛在信息环境下，用户的需求发生了很大变化，用户需要无论何地，无论工作、生活还是学习，都能利用手边的任何终端随时地获得所需的资源和服务，这就要求图书馆必须提供以用户为中心的无所不在的全天候个性化服务。图书馆服务的泛在化是大势所趋。

  首先，图书馆的工作重心由资源向用户服务转移。目前图书馆的工作重心依然是资源，图书馆的工作流程也围绕着资源的采、编、流通而进行。这已经不能适应新技术环境下用户的需求，泛在化信息环境下要求图书馆工作重心从资源转移到服务上来，一切工作围绕用户需求展开。根据德国的 Wilfred Suhl – Strohmenger 的研究，传统图书馆与新型图书馆的区别在于，前者是以馆藏为中心，为基本上是被动的图书馆用户提供咨询与信息服务。这些用户关注的是传统的图书馆资源，而不期待立即直接得到所有所需要的资源；而后者是以用户为中心，为基本上是主动的、具有信息素养的用户提供最广泛的物理和数字资源以及服务，这些用户对各类可以发现的信息感兴趣，期望立即、直接、尽可能得到所需要的资源。匹兹堡大学图书馆馆长 Rush G. Miller 在一次演讲中指出面对新的环境，图书馆应致力于 8 个方面的努力，其中包括"以用户为中心"、"图书馆的使命不是图书、信息而是人"。[5]从一些图书馆的未来几年发展规划可以看出,用户服务是图书馆未来工作的重点:如波士顿大学图书馆2010—2015发展规划致力于以下几个方面:①为所有用户创建个性化的图书馆体验;②提高教师的教学科研申请能力;③加强图书馆服务以支持科学研究和教育;④为本科生提供物理和在线学习环境;⑤提高图书馆对艺术科学学院的支持;⑥强化四个重点学科:法律、医学、管理学、美术的图书馆服务;⑦为波士顿大学的师生研究人员等提供广泛的高质量的网络信息资源的开发、描述和保存服务;⑧适应日益全球化、数字化和分布式的信息环境,最大限度地满足波士顿大学的研究和学习需要。[6]

其次,图书馆服务要走出图书馆,走入用户学研生活中。泛在化信息环境下,用户满足其信息需要的途径多种多样,目前这种要求用户到图书馆或者登陆到图书馆主页才能享受图书馆服务的陈旧服务方式已经限制了图书馆的利用。大英图书馆提出2020愿景时所做的调查显示:随着移动设备的使用变得无处不在,用户将会期望无缝获取信息和服务,并想在网上找到一切。[7]服务泛在化要求图书馆的服务要从用户及其需求出发,遵循用户新的需求,适应用户的行为变化,要突破现有物理图书馆和数字图书馆的藩篱,打破人们对图书馆服务"远不可及、比较麻烦"的传统认识,模糊和淡化图书馆服务与用户之间的边界,将图书馆的服务融入用户科研和学习的一线,嵌入用户的科研和学习过程之中,用户在哪里,服务就在哪里,为用户提供一种到身边、到桌面、随时随地的服务。[8]泛在知识环境下要求图书馆所提供的服务在不知不觉中嵌入到用户的生活背景之中,并能根据用户的行为或意图以一种不被察觉的方式为用户提供无缝的、智能化的服务。

第三,图书馆服务需要更加个性化和智能化。不同用户对图书馆的需求千差万别,新的技术发展也使得读者可以采用不同的终端和方式连接、利用图书馆提供的资源和服务。如何更好地满足用户个性化的需求,将是图书馆面临的一个重要课题,图书馆将会日益关注用户相关数据的收集和分析。而目前迅猛发展的云计算技术,大数据分析技术等都为图书馆搜集用户信息、采集用户利用图书馆的行为、分析用户使用图书馆和对资源的偏好提供了有力的技术支撑,尽管目前这些技术在图书馆的应用刚刚起步,但是相信图书馆在新技术的支撑下也能做到为用户量身定制个性化的资源和服务,并把这些个性化的资源和服务经过智能化的组织,及时地推送给需要的用户。通过王波畅想的如下场景我们可以对图书馆的个性化服务体会一二:"比如,当一位读者到了图书馆,进了门禁,他的所有移动设备上只要装了图书馆的应用客户端,这个客户端就会问他'允许识别您的学籍吗?''允许定位您的位置吗?''允许识别您的身份证吗?'诸如此类的问题。只要他答'允许',客户端马上就会把他的专业、所学课程、参与项目、论文题目、检索和借阅记录、所在位置、籍贯、博客、微博、论著等一切信息关联起来,智能地分析、推算、联想哪些图书馆资源是他需要的,并极快推送到他的设备桌面上。而且,信息的推送是随着他的位移时刻变化的。比如,他在走道里,客户端不仅会提醒他关注可能需要的资料,还会通知他离他最近的空座位和卫生间。当他在报纸阅览室,系统会推送他家乡的报纸和相关专业报纸。当他到图书借阅室,系统会首先推送离他最近的他可能需要的书,然后由近而远地推送别的书。此时的图书馆,或许所有的墙壁都变成了屏幕,无论读者走到哪里,离他最近的那块屏幕就会推荐他可能需要的资源。"[9]

2.4 图书馆服务将更多地借助于技术工具

泛在化图书馆的特点之一就是要依托新技术,以新技术和功能强大的技术平台为支撑。[10]要实现 7×24 小时随时随地根据用户需要提供资源和服务,仅仅靠人力就是天方夜谭,更不要说实现服务的智能化、个性化。技术工具在图书馆当前的发展中具有举足轻重的作用,图书馆利用新的技术工具,已经使得图书馆的服务领域得到很大的拓展:IM 技术应用使得咨询从馆内拓展到馆外;微博、博客、微信等社交媒体工具的使用使得图书馆的宣传推广范围大大拓展;手机、平板电脑、电纸书等手持阅读设备使阅读摆脱了场所限制,更加的灵活;RSS 等工具使图书馆信息推送等个性化服务有一定的进展……技术在图书馆未来发展中的价值和影响将会更加显著。[11]未来图书馆将会更关注技术的发展,更为大胆地实践新技术工具在图书馆中的应用。

第三节 多功能空间服务是实体图书馆建设的方向

随着用户需求的变化和图书馆泛在化服务的推进,要求图书馆对其实体建筑布局和功能进行重新的规划和划分。正如颜务林在其文章中分析的那样:现代图书馆的第一职能是信息职能,现代图书馆是信息中心;后现代图书馆的第一职能是教育职能,后现代图书馆是学习中心;"未来图书馆"的第一职能将是知识交流。当前,图书馆正处在由现代图书馆向后现代图书馆转变的时期,图书馆"第一职能"急需从信息职能向教育职能转变,迫切任务是建设学习中心。颜务林认为,与课堂教育相比,图书馆作为学习中心有独特优势，包括灵活、自由、个性和人性。他还认为实践上，图书馆交流职能也发展得很快，图书馆讲座、沙龙、展览及各种各样丰富多彩的读者互动交流活动就是最好的佐证。[12]

图书馆的空间服务是不断发展的。而从图书馆目前的实践看，作为"学习中心"的图书馆正在被积极实践，作为"交流中心"的图书馆也备受关注。

首先，图书馆实体空间的设计将更人性化，要求舒适、灵活、便捷。2011年IFLA召开"信息技术对图书馆设计的影响：建设21世纪的图书馆（The effect of new technologies on library design: building the 21st century library）"会议，与会专家探讨了技术与图书馆空间服务的关系：Charlotte Beck在"从地下室到花园——技术驱动的图书馆空间改造（From Basement to Garden Level – a Technology – Driven User Space Renovation）"的报告中，展示了用户对新的图书馆空间最迫切的要求是舒适、安静、明亮；图书馆空间最重要的元素包括：舒适的座椅、宽阔活泼及可亲近的空间、方便使用的馆藏资源、明确的标识系统、舒适的照明及可弹性调整的研讨交流空间；图书馆空间构建除了须注重应有的功能外，更应让公众产生愉悦、引发学习乐趣以及可亲近。

其次，图书馆实体空间的设计更凸显服务功能。越来越多的图书馆在信息服务的基础上，拓展了文化展示、读者讲座、影视欣赏、休闲互动等多项功能服务，实体图书馆成为信息中心、交流中心和休闲娱乐中心的综合体。

第三，图书馆的实体空间建设和虚拟空间（或者叫图书馆的E空间、泛在图书馆）建设相辅相成，彼此协调。

就像专家们预言的那样，未来的图书馆仍然是资源的集散地、仍然是物理场所、仍然履行组织信息与服务的功能。图书馆藏将继续存在，但存在的方式不同，物理馆藏将变异为多功能的空间。[13]

可以预见，随着技术的发展、社会的进步，图书馆将呈现不同的面貌，对"图书馆的未来"的探讨也将是永恒的课题。但是就下一个阶段的图书馆而言，实体图书馆和E图书馆都将发生很大的改变，变得对用户而言更舒适、更简单、更智能、更贴近。并且实体图书馆和E图书馆将进行无缝整合，提供给用户良好的学习、科研、生活体验和环境。

参考文献

[1] 柯平. 重新定义图书馆 [J]. 图书馆，2012（5）：1 – 5, 20.
[2] Carol Tenopir. Moving toward electronic journals. Library Journal, 125（12）：36 – 38.

[3] 吴燕,张志强.泛在智能与图书馆的未来发展.情报科学,2007(1):25-29.

[4] 用户服务战略与趋势.[2013-12-10] http://wenku.baidu.com/link?url = LLxSqLNRWf1vtP4TUsyBC_4et24iEzIq6MxIxTU7vUOfLIOmeHZuWMtFyOyZ_0Dtnf4 ICkwKFcdWWv2utljieWqyzeUKsLPcR6u5m4DGJ7e.

[5] Wilfried Sühl-Strohmenger. Libraries' futures, user needs and information Literacy, New Challenges for Librarians?.[2013-12-10].http://www.nb.admin.ch/aktuelles/ausstellungen_und_veranstaltungen/00726/01612/index.html?lang=en.

[6] Boston University Library Strategic Plan: 2010-2015.[2013-12-11].http://www.bu.edu/library/about/strategie-plan/.

[7] British Library 2020 vision.[2013-12-10].http://www.bl.uk/aboutus/stratpolprog/2020vision/2020A3.pdf.

[8] 初景利,吴冬曼.论图书馆服务的泛在化——以用户为中心重构图书馆服务模式[J].图书馆建设,2008(4):62-65.

[9] 王波.变形金刚+蛔虫——闲聊大学图书馆[N].图书馆报,2013年1月18日A02版.

[10] 曹玉平.图书馆泛在服务模式与实现途径的探讨[J].图书馆论坛,2010(10):99-101.

[11] 初景利,吴冬曼.图书馆发展趋势调研报告(四):图书馆管理、人员发展及结论[J].国家图书馆学刊,2010(4):3-8.

[12] 颜务林,李亚芬.后现代图书馆的职能定位——对"图书馆是学习中心"这一命题的学理分析[J].新世纪图书馆,2013(03):6-9.

[13] 初景利,常唯.国外图书馆学情报学近期研究热点(上).[2013-12-11].http://blog.sina.com.cn/s/blog_599eacb501017miq.html